U0063721

辜鴻銘 著

黃興濤 —— 譯者

中國人的精神

責任編輯	黃振威
裝幀設計	鄢賜男
責任校對	趙會明
排　　版	高向明
印　　務	龍寶祺

中國人的精神

作　　者	辜鴻銘
譯　　者	李晨曦
出　　版	商務印書館 (香港) 有限公司
	香港筲箕灣耀興道 3 號東滙廣場 8 樓
	http://www.commercialpress.com.hk
發　　行	香港聯合書刊物流有限公司
	香港新界荃灣德士古道 220－248 號荃灣工業中心 16 樓
印　　刷	中華商務彩色印刷有限公司
	香港新界大埔汀麗路 36 號中華商務印刷大廈
版　　次	2022 年 9 月第 1 版第 1 次印刷
	© 2022 商務印書館 (香港) 有限公司
	ISBN 978 962 07 4639 0
	Printed in China

辜鴻銘（1857–1928）

目錄

學術大師的流芳餘澤
——寫在《常新文叢》出版之際

學術的討論和研究，既有破舊立新，又有推陳出新，亦有歷久常新。在這當中，有些名著，經得起時間的考驗，成為了可超而不可越的地標，值得時時重溫，常常披閱；每讀一次，除對相關課題有進一步認識外，更能有所啟發，引導新研究，創造新見解。

有見及此，本館特創設《常新文叢》書系，取「常讀常新」之義，精選過往的重要著作，配以當代專家學者所撰寫的導言，期望從各方面呈現上世紀中外傑出學人豐碩的研究成果，讓廣大讀者親炙大師之教，既能近觀，亦能直視。

是為序。

前言

辜鴻銘

　　撰寫此書之目的，是為了詮釋和顯示中國文明的價值。現在為了估量文明的價值，在我看來，我們最終一定要問的問題，不是一個文明怎樣和是否有能力興建諸多大城市、宏偉的房子、良好的道路，不是一個文明怎樣和是否有能力製作美觀和舒適的家具、靈巧和有用的用品、工具和儀器，也不是它發明了甚麼體制、文學和科學；我們一定要問的問題是，要評估文明的價值，是它究竟產生了**甚麼樣的仁義**、甚麼樣的男女。事實上，一個文明產生的男女 —— 即人類的典型，顯示了那種文明的精粹、性格，亦即是靈魂。現在，如果一個文明底下的男人們與女人們，展現了那個文明的精粹、性格和靈魂，那麼，那個文明的男人們和女人們所說的語言，亦展示了那種文明的男人們和女人們的精粹、性格和靈魂。在法文中，有一句談到文學作品：「文如其

人。」（Le style, c'est l'homme）因此，我會談到三件事情：以真正的中國人、中國女人及中國語言作為本書的頭三篇文章，顯示中國文明的精神和價值。

在此之上，我另外加入了兩篇文章，嘗試說明某些被視為中國研究權威的外國人，是怎樣和為甚麼不了解真正的中國人和中國語言。亞瑟・史密斯[1]牧師曾談到中國的特色，而我則嘗試指出，他不了解真正的中國人，因為作為一個美國人，**他不夠深度**了解真正的中國人。再者，雖然翟理斯[2]博士被視為偉大的漢學家，我亦嘗試指出，他真的不太了解中國語言，因為作為一個英國人，**他不夠廣度**了解——他沒有足夠的哲學洞見以及那種洞見所賦予的寬廣。我原本想在本書收錄我一篇談濮蘭德[3]和白

---

1 亞瑟・史密斯（Arthur Henderson Smith, 1845—1932），中文名明恩溥，美國傳教士、基督教活動家、神學家。

2 翟理斯（Herbert Allen Giles, 1845—1935），英國漢學家，劍橋大學漢學教授。著有《翟山筆記》（*Adversaria Sinica*）、《英華字典》（*Chinese-English Dictionary*）、《中國札記》（*Chinese Sketches*）、《中國名人譜》（*A Chinese Biographical Dictionary*）等。

3 濮蘭德（John Otway Percy Bland, 1863—1945），中國海關官員，曾遊歷中國，著有《李鴻章傳》等書。

克豪斯[4]那本有關著名已故慈禧太后的書的文章，然而不幸的是，我未能找到四年多前在上海《國民評論》(National Review)發表的那篇文章。在那篇文章中，我嘗試指出濮蘭德和白克豪斯之流，不明白也不能理解真正的中國女人 —— 中國文明產生的最優質類型女性，即已故的慈禧太后 —— 因為濮蘭德和白克豪斯之流並**不簡單** —— 心靈不純潔、太聰明，且如現代許多足智多謀的人般，只擁有一種扭曲了的智慧。[5]事實上，要了解真實的中國人和中國文明，一個人必須集**深刻**、**寬廣**、**簡單**於一身，因為中國性格的特點是**深度**、**廣度**和**簡單**。

或許容許我在這裏說，美國人會覺得了解真正的中國人和中國文明是困難的，因為通常美國人寬宏、簡單，但就是不夠深刻。英國人不能了解真正的中國人和中國文化，因為通常英國人深刻、簡單，但不寬廣。德國人也不能了解真正的中國人和中國

4　白克豪斯 (Edmund Backhouse, 1873—1944)，英國人，漢學家，語言學家。

5　原註：《孟子》：「所惡於智者，為其鑿也。」(《孟子·離婁下》)

文明，因為德國人，特別是接受高等教育的德國人，通常都深刻、寬廣，但不簡單。在我看來，法國人最明白和了解真正中國人和中國文明。[6]真的，法國人沒有德國人思想深刻，沒有美國人思想寬廣，沒有英國人思想簡練——但法國人有一種思維特質優勢是上述各種人通常都沒有的，那就是**精細**。這種思維特質，是要理解真正中國人和中國文明的至關重要之點。在我剛剛提到有關真正中國人和中國文明的三個特色之上，在此一定要加多一點，且亦是主要特點，那就是精細。精細到一個卓越的地步，就是除了在希臘人及其文明中，您再也無處可找到了。

從我以上所說的，美國人如果學習中國文明，會得深刻；英國人，得寬廣；德國人，得簡約。如果所有人，即美國人、英國人、德國人學習中國文

---

6 原註：在任何以歐洲語言撰寫有關中國文明的書中，以西門（G. Eugène Simon）的《中國城市》（*La Cité Chinoise*）為最佳。作者曾任法國駐華領事。劍橋大學的洛斯・狄金森教授（Prof. Goldsworthy Lowes Dickinson）告訴我，就是因為這本書，他得到啟發撰寫他那著名的《來自中國人約翰的信》（*Letters from John Chinaman*）。

化、中國著作、中國文學，我敢在此說，於我看來，他們所有人，通常都會學得**精細**的特質，在這方面他們均未學到優秀的程度。最終，法國人學習中國文明，會獲得所有特質：深刻、寬廣、簡約，以及比他們精細特質的更精細。因此，我相信，學習中國文明、中國著作和文學，對歐洲人和美國人，都有裨益。因此我在此書加了一篇談中國學術的文章——如何學習中文的教程概略，是當我立定決心，自我由歐洲返國後，我開始學習自己國家文化而自訂的教程，距今剛好是三十年。我希望，這個學習中文的教程概略，能夠對那些想研究中文和中國文明的人，帶來助益。

1915 年 4 月 20 日於北京

緒論：良民宗教

難道我們做的事有甚麼不對嗎？

那些烏合之眾，我們必須愚弄他們；

看吧，他們多麼愚蠢！

看吧，他們多麼野蠻！

因為這就是烏合之眾，這些亞當的子孫。

當你愚弄他們時，他們依然愚蠢又野蠻；

只有正直和忠誠，才能使他們恢復人性。

——歌德

　　當前的大戰舉世矚目，人們無心顧及其他事情。但我以為，這場戰爭本身必然促使那些認真思考者把注意力轉到文明這個大問題上來。所有人類文明皆始於對自然界的征服，即征服和控制自然界中令人畏懼的自然力，使其不再危害人類。當今歐洲的現代文明已成功地征服了自然，而且必須承認，迄今尚無其他文明能夠做到這一點。然而在世

界上，有一種力量比自然界的力量更可怕，那就是人類的激情。自然力給人類造成的危害，遠不及人類激情製造的危害大。因此，如果人類激情這種可怕的力量不能被真正地約束和控制，很顯然，不僅人類文明不可能存在，甚至連人類都不可能存在。

在早期的原始社會，人類不得不借用武力來削弱和抑制人類的這種激情。因此成羣的野蠻人被純粹的武力制服。但是隨着文明的進步，人類發現了一種比武力更有效的力量可以控制人類的激情，這就是道德的力量。過去在歐洲，有效地控制人類激情的道德力量是基督教。但是現在的這場戰爭以及戰前的軍備，似乎表明基督教作為一種道德力量已經失去了它的效用。由於缺失了有效的道德力量來約束和抑制人類激情，歐洲人不得不再次借用武力來維持社會秩序。確如卡萊爾[1]所言：「歐洲現在是無政府，有警察的狀態。」使用武力維持社會秩序

1　　卡萊爾（Thomas Carlyle, 1795—1881），英國作家、歷史學家。著有《法國革命史》等。

導致了軍國主義。實際上，如今的歐洲之所以依賴軍國主義，是源於缺乏有效的道德力量。但是軍國主義導致了戰爭，而戰爭則意味着破壞和消耗。因此，歐洲人進退兩難：如果他們摒棄軍國主義，無政府狀態將會摧毀他們的文明；但是如果他們繼續堅持軍國主義，他們的文明也會因為戰爭的消耗和破壞而瓦解。然而英國人説，他們決心消滅普魯士的軍國主義，基欽納[2]勳爵相信他能帶領三百萬訓練有素、全副武裝的英國士兵根除普魯士的軍國主義。但在我看來，一旦普魯士的軍國主義被消滅，將會出現另一個軍國主義——英國軍國主義，而英國軍國主義也必然會重蹈覆轍。這似乎陷入了一個惡性循環，無路可逃。

但是確實無路可逃嗎？不，我相信是有路的。很久以前，美國人愛默生[3]説過：「我能夠輕而易舉

---

[2]　基欽納（Horatio Herbert Kitchener, 1850—1916），英國陸軍元帥、政治家。

[3]　愛默生（Ralph Waldo Emerson, 1803—1882），美國散文家和詩人，超驗主義運動的核心人物。曾任教師和牧師。

地預見到，鄙俗的滑膛槍崇拜勢必破滅，儘管偉人們也是滑膛槍崇拜者；而且正如相信上帝的存在一樣，我確信，武力會招致另一種武力，唯有愛與正義的法則能實現一場文明的革命。」如今，若歐洲人真想撲滅軍國主義，只有一個辦法，那就要利用愛默生所說的不以暴易暴的力量 —— 愛與正義的法則，實際上就是道德的力量。有了行之有效的道德力量，軍國主義就會因為沒有用武之地而自行消亡。但是現在的問題是，作為道德力量的基督教已經失去了效用，歐洲人從何處找到這種能取代軍國主義的新的、行之有效的道德力量？

我相信，歐洲人將在中國 —— 在中華文明中 —— 找到這種新的道德力量。在中華文明中，這種能令軍國主義成為多餘之物的道德力量就是良民的信仰。然而，人們會說：「中國也有戰爭。」的確，中國也有戰爭；但是自兩千五百年前的孔子時代起，我們中國從未出現過如今在歐洲所見到的那種軍國主義。在中國，發生戰爭是偶然的；而在歐洲，戰爭的發生已成為必然。中國偶爾也會發生戰

爭，但中國人不會生活在無休止的戰爭的陰影下。其實，在我看來，在歐洲大陸，現在最令人無法忍受的事倒並非戰爭，而是一個人人自危的事實：每個人都怕自己的鄰居一旦有足夠強大的能力，就會來搶奪並謀害自己。因此，他不得不武裝自己，或僱用一個武裝警察來保護自己。所以，令歐洲人焦慮不安的問題與其說是戰爭，倒不如說是不斷加強武裝以保護自己的迫切感。

在中國，由於中國人信仰「良民宗教」，便不會覺得有必要利用武力來保護自己，甚至很少需要借助政府和警察的力量來保護自己。在中國，一個中國人會因為他的鄰居擁有正義感而得到保護，會因為他的同胞願意遵守道德義務而得到保護。事實上在中國，中國人覺得無須武力來保護自己。因為中國人確信，每個人都認同的公平與正義是一種比武力更強大的力量，並且每個人都認同道德義務必須遵守。你若能使所有人都承認和贊同上述觀點，那麼武力將變得毫無必要了；而那時，世界上將不再有軍國主義存在。當然，即便在那時，每一個國家

還會有少數罪犯，世界上還會有一些暴徒，他們不願意或者不能認同正義與公平是一種比武力更強大的力量，不認同道德義務是某種必須遵守的東西。因此，為了打擊罪犯和暴徒，無論是在一個國家裏還是在全世界的範圍內，仍有必要保留一定規模的武力或警力，甚至軍國主義。

但是，有人會問：如何使人們認同公平與正義是一種比武力更強大的力量呢？我的回答是，首先要使人們相信公平與正義的效力，使他們相信公平與正義本身就是一種強大的力量。實際上就是使人們相信「善」的力量。但是，又如何做到這一點呢？在中國，人們是這樣做的──中國人信仰的「良民宗教」在每一個孩子識字之初就教導他們：「人之初，性本善。」[4]

在我看來，今日之歐洲文明搖搖欲墜，根本問題在於它對人性的錯誤理解──認為人性是邪惡的。由於這一錯誤觀念，歐洲社會的整體結構總是

4　原註：這是每一個中國孩子在上學時，第一本啟蒙書上的第一句話。

依賴武力維護。歐洲人賴以維護社會秩序的兩個武器便是宗教和法律。換言之，歐洲人利用人們對上帝的敬畏和對法律的畏懼來維持秩序。「畏」便意味着使用暴力。因此，為了延續人們對上帝的敬畏，歐洲人最初供養了大量奢靡的閒人 —— 牧師。別的暫且不提，這種做法花費巨大，以至於它最終成了人民無法承受的一種負擔。事實上，在三十年的宗教改革戰爭中，歐洲人擺脫了牧師。在擺脫了那些利用人們對上帝的敬畏來維持秩序的牧師之後，歐洲人試圖利用人們對法律的畏懼來維持社會秩序。但是要樹立法律的權威以維護社會秩序，歐洲人不得不供養另一撥更奢靡的閒人 —— 警察和軍人。現今，歐洲人逐漸意識到供養警察和軍人的費用，甚至比供養牧師的費用更昂貴、更離譜。所以實際上，就像在三十年的宗教改革戰爭中歐洲人想要擺脫牧師一樣，在眼下的戰爭中，歐洲人真正想要的是擺脫軍人。但是如果歐洲人想擺脫警察和軍人，他們就要面臨選擇：要麼招回牧師以維持人們對上帝的敬畏；要麼找到其他力量 —— 一種能夠讓人們像敬

畏上帝和畏懼法律一樣的力量 —— 幫助他們維持社會秩序。從這個問題引申開來，我認為，每個人都會承認，這是歐洲在戰後要面臨的、事關文明的大問題。

如今，歐洲人吸取了牧師的教訓後，我認為他們不會想要招回牧師。俾斯麥[5]曾說：「我們永遠不會再去卡諾薩[6]了。」此外，現在即使招回牧師也是徒勞，因為歐洲人已失去了對上帝的敬畏。因此，在歐洲人面前只剩下另一個選擇：如果他們想要擺脫警察和軍人，就要尋找某種能夠幫助他們維持社會秩序的其他力量，一種能讓人們像敬畏上帝和畏懼法律一樣的力量。我相信，如今，正如我前面所述，歐洲人會在中華文明中找到這種力量。這種力量就是我所說的「良民宗教」。在中國，這種「良民宗教」所教導的信仰是一種不必借助牧師、警察或

5　俾斯麥（Otto Fürst von Bismarck-Schönhausen,1815—1898），普魯士王國首相（1862—1890），德意志帝國宰相（1871—1890），有「鐵血宰相」之稱。

6　卡諾薩（Canossa），意大利北部的一個古城堡。

軍人就能使一個國家的百姓遵守社會秩序的信仰。確實,因信仰這種「良民宗教」,中國有眾多的百姓,其人口總數與整個歐洲大陸人口不相伯仲(如果不比整個歐洲大陸更多的話),卻能在沒有牧師、警察或軍人的管制下維持了真正的和平與秩序。每一個到過中國這片土地的人都知道,牧師、警察或軍人在幫助維護公共秩序方面只扮演了極其次要的角色。在中國,只有最無知的人才需要牧師,只有最惡劣的罪犯才需要警察或軍人的監管。所以我說,如果歐洲人真的想要擺脫宗教和軍國主義的控制,擺脫帶給他們那麼多動亂和流血事件的牧師和軍人,他們就得來中國尋求我所說的「良民宗教」。

簡言之,我想告訴諸位歐美人的是,在他們的文明即將崩塌之際,在中國有一種迄今尚未被世界覺察到的文明財富,其價值不可估量。這一文明財富並非這個國家的貿易、鐵路,也並非黃金、白銀、鋼鐵或是煤炭這些礦產。這筆世界文明的財富是中國人 —— 信仰「良民宗教」的、純樸的、真正的中國人。依我說,真正的中國人是無價的文明財

富，因為真正的中國人不需社會付出多少代價，就能遵守秩序。在此我確實想告誡歐洲人和美國人，不要毀掉這筆寶貴的文明財富，不要去改變和毀掉真正的中國人。但現在，歐洲人和美國人正試圖用他們的新學去改變和腐化真正的中國人。如果歐洲人和美國人成功地毀掉了中國式的人性，改變了真正的中國人，把他們轉變成像歐美人一樣需要牧師或軍人監管才能遵守秩序的人，那麼，這無疑會給世界增加宗教或軍國主義的負擔，而如今，宗教或軍國主義已成為文明和人性的威脅。但從另一面來說，假如能想辦法改變歐美人，把他們轉變成像真正的中國人一樣，不需要牧師或軍人監管就能自覺遵守秩序的人。請想一想，這將給世界減輕多大的負擔！

概括來說，這場大戰引發了歐洲文明的大問題。歐洲人最初想借助牧師來維持社會秩序。但沒過多久，牧師導致了巨大的花費和太多的麻煩。然後歐洲人用三十年的戰爭驅逐了牧師，招來警察和軍人來維持社會秩序。但是如今他們發現，警察和

軍人導致的花費和麻煩，甚至比牧師還多。現在歐洲人該做甚麼呢？驅逐軍人招回牧師嗎？不，我相信歐洲人並不想招回牧師。而且現在招回牧師也沒用。那麼歐洲人會做甚麼呢？我看到劍橋的洛斯·狄金森教授[7]在《大西洋月刊》上發表的一篇題為〈戰爭及其出路〉的文章中寫道：「招來暴民。」不過我擔心，一旦招回暴民代替牧師和軍人，會帶來更大的麻煩。在歐洲，牧師和軍人引發了戰爭，但暴民會帶來革命和混亂，到那時，歐洲的狀況會比此前更糟。現在我給歐洲人的建議是：不要招回牧師，也不要招來暴民，但可以請來中國人。向真正的中國人學習，學習中國人的「良民宗教」信仰，學習他們不依靠牧師和軍人卻維持了兩千五百年和平的經驗。

事實上，我相信歐洲人在戰後真的會在中國找到解決其文明這一大問題的辦法。在此我要重申，

7　狄金森（Goldsworthy Lowes Dickinson, 1862—1932），英國政治學家、哲學家。

迄今在中國，還有一筆未被覺察到的、無價的文明財富，那就是真正的中國人。因為真正的中國人擁有一條歐洲人在戰後所需要的新文明的秘訣，這條新文明的秘訣就是我所說的「良民宗教」。這一宗教信仰的首要原則就是相信人性本善；相信「善」的力量；相信美國人愛默生所說的愛與正義的法則具有的力量和效力。但愛的法則是甚麼呢？良民的宗教信仰教導説，愛的法則就是愛你的父母。而正義的法則又是甚麼呢？良民的宗教信仰教導説，正義的法則就是真實、守信和忠誠。婦女必須無私地並且絕對地忠誠於她的丈夫，男子必須無私地並且絕對地忠誠於他的君主。最後我想説，實際上「良民宗教」的最高責任就是「忠誠之責」，不僅在行為上要「忠誠」，而且在精神上也要「忠誠」，或者正如丁尼生[8]之言：

8　丁尼生（Alfred Tennyson, 1809—1892），英國詩人，在 1850 年被封為桂冠詩人，著作有組詩《悼念》等。

尊敬國王就如他是自己的良心，
尊敬良心就如它是自己的國王，
打倒異教徒去捍衛基督救世主。

中國人的精神

（一篇在北京東方學社宣讀的論文）

首先，請允許我向諸位對今天下午我要論述的內容略作解釋。我這篇論文的主題是〈中國人的精神〉，並非僅論及中國人的性格或特徵。此前中國人的特徵經常被描述，但是我想諸位都贊同我的看法：那些對中國人特徵的描述或列舉，都未能真正勾劃出中國人的內在本質。此外，即便談論中國人的性格或特徵時，也不能一概而論。如您所知，中國北方人的性格不同於中國南方人的性格，就像德國人的性格不同於意大利人的一樣。

　　但我用「中國人的精神」這一表述，是指中國人的生存精神，是指中國人的心態、性情還有情操中所具有的那種在本質上與眾不同的東西。它使中國人區別於其他所有民族，尤其區別於那些現代的歐洲人和美國人。或許，我應該將我所討論的主題稱作「中國式的人」，用更簡潔的話來說，就是真正的中國人，這樣最恰當。

　　那甚麼是真正的中國人？我確信諸位同我一樣，認為這是一個非常有趣的主題。尤其當環顧今日之中國，我們會發現，中國式的人 —— 真正的

中國人 —— 似乎即將消失，取而代之的是一種新式的中國人 —— 所謂的進步的或現代的中國人。事實上，我建議，在真正的中國人 —— 那種舊式的中國人 —— 從世界上完全消失之前，我們應該最後將其審視一番，看看我們能否從這種人身上找到某種天生與眾不同的東西，使其區別於世界上所有其他民族，也區別於我們如今在中國所見到的新式中國人。

我想，首先打動你們的一點是，在舊式的真正的中國人身上，沒有野蠻、殘忍和殘暴的特性。借用一個形容動物的術語來形容真正的中國人，那麼中國人就是馴化的動物。即使以一個社會最底層的真正的中國人為例，各位也會贊同我的看法，與同一社會階層的歐洲人相比，他身上的獸性更少，那種野蠻的動物性 —— 德國人所謂的「動物野性」[1]更少。事實上，在我看來，如果用一個英文單詞概括一個中國式的人給你留下的印象，那就是 "gentle"，

---

1   原文為德語 "Rohheit"，意為「動物野性」。

即「溫馴」之意。我所說的「溫馴」並不意味着性格柔弱或者怯懦順從。已故的麥高文博士曾說過:「中國人的溫馴,並不是那種傷心絕望、被馴服的民族的溫馴。」事實上,我所說的「溫馴」是指不冷酷、不苛刻、不粗野、不暴戾,沒有任何令人不快的東西。可以說,真正的中國人身上有一種內斂、審慎、節制的圓融品質,就像一塊經過千錘百煉的金屬所呈現的質感一樣。甚至,一個真正的中國人身體上或者道德上即便存在無法彌補的缺陷,至少也會被其溫馴的品質淡化。真正的中國人也許是粗糙的,但粗糙中沒有粗劣。真正的中國人也許是醜陋的,但醜陋中沒有醜惡。真正的中國人也許是粗俗的,但粗俗中沒有好鬥和囂張。真正的中國人也許是愚鈍的,但愚鈍中沒有荒唐。真正的中國人也許是狡猾的,但狡猾中沒有惡毒。我想說的是,真正的中國人即使在行為、思想和性格上有缺點和瑕疵,也不會令人厭惡。你很難找到一個令你極其厭惡的舊式的中國人,哪怕是在最底層的中國人裏,你也很難找到。

我說，真正的中國人給人的總體印象是「溫馴」，那種無以言表的溫馴。當你對真正的中國人身上這種無以言表的溫馴品質進行深入分析時，你會發現這種溫馴品質是同情心和智慧結合的產物。我曾把中國式的人比喻為馴養動物。那麼，是甚麼讓馴養動物與野生動物如此不同呢？是通人性，即馴養動物身上有某種人類的特性。這種區別於動物的人類特性是甚麼？是智慧。但是馴養動物的智慧不是一種思想智慧。它不是經過思考的智慧，也不是狐狸知道在哪裏可以吃到小雞的那種源自本能的智慧。狐狸那種本能的智慧是包括野生動物在內的所有動物都擁有的。但馴養動物身上具有的這種可以稱為「通人性的智慧」，與狐狸式的或動物式的智慧有很大的不同。馴養動物的智慧不是來自思考推理，也不是出於本能，而是源於同情，源自一種愛和依戀的感情。一匹純種的阿拉伯馬能明白牠英國主人的話，不是因為牠學過英語或是牠天生能聽懂英語，而是因為牠愛着並且依戀着牠的主人。這就是我所說的通人性的智慧，牠區別於單純的狐狸式

的或者動物式的智慧。正是因為擁有這種「人性的特質」，才使馴養動物區別於野生動物。同樣，正是因為擁有同情心和真正的「人性智慧」，中國式的人，即真正的中國人，才被賦予了這種無以言表的「溫和」品質。

我曾在某處讀到過一位外國人寫的文章，他在中、日兩個國家都居住過。他說，一個外國人在日本住的時間越長，就越討厭日本人；而在中國居住的時間越長，就越喜歡中國人。在這裏，我不知道他對日本人的評價是不是符合事實。但是，我相信你們所有在中國居住過的人都會跟我一樣，贊同他對中國人的評價。眾所周知的事實是：外國人在中國居住的時間越長，對中國人的喜愛 —— 你可以稱為「欣賞」—— 就會與日俱增。在中國人身上有種無法形容的特質，儘管他們缺乏衛生習慣和文雅舉止，儘管他們的頭腦和性格中有很多缺點，他們依然比其他民族更能贏得外國人的喜愛。這種無法形容的特質，我把它稱為「溫馴」，在外國人的心中，即便這種「溫馴」無法彌補中國人行為和道德上的缺

點，至少也淡化和減少了那些缺點的影響。就像我試圖向你們描述的那樣，這種溫馴是我說的那種「同情或真正的人性智慧」的產物，這種「人性的智慧」既不是源於思考推理，也不是源於本能，而是出於同情——源自一種出於同情心的力量。那麼，中國人具有這種同情的力量的秘密是甚麼呢？

在這裏，我冒昧地給出一種解釋，如果諸位願意，也可以把它稱為「一個假設」，以下就是我的解釋。中國人具有這種力量，這種強大的同情的力量，是因為他們完全地，或者說幾乎完全地過着一種心靈生活。中國人全部的生活就是一種感覺生活，這種感覺並非來自身體器官的感知，也不是來自所謂的情緒衝動，而是來自我們本性的最深處——心靈或者靈魂——的情感，或者叫作「人性情感」。甚至，我在這裏可以說，真正的中國人過着一種感性的生活、一種心靈的生活，以至於有時他可能忽視了許多他應該做的事，甚至忽視了一個活在世間、有靈有肉的人在感官上的很多需求。這就很好地解釋了為甚麼中國人對不潔的環境無動於衷，對缺乏

精確性那麼毫不在意了。當然，這些是題外話了。

我說中國人具有同情的力量，是因為他們完全在用心靈感受生活，即過着一種富於情感和人情關愛的生活。首先讓我來舉兩個例子，以此來解釋我所說的過着一種心靈生活的意思。下面是我的第一個例子。諸位中可能有人認識我在武昌的一個老朋友及同僚 —— 他曾在北京做過外務部尚書 —— 梁敦彥[2]先生。梁先生告訴我，當最初接到漢口海關道台的任命時，他欣喜萬分。他渴望成為清朝大員，想要得到頂戴花翎，並不是因為他在意頂戴花翎，也不是因為自此以後他會享有榮華富貴（在武昌的時候我們所有人都很窮），而是因為他的晉升會讓他遠在廣州的老母親滿心歡喜。這就是我所說的，中國人是用心靈去感受生活，過着一種富於情感和人性關愛的生活的意思。

另一個例子是這樣的：我的一個在海關工作的

2　梁敦彥（1858—1924），字朝璋，別字崧生，廣東順德人，晚清外交官，首批留美幼童之一，據說早年曾在香港中央書院就讀。

蘇格蘭朋友告訴我，他曾有一個中國僕人，那個僕人不但撒謊、敲詐，還總去賭博，是一個徹頭徹尾的流氓。但是當我的朋友在一個偏遠的港口患了傷寒病倒了，身邊又沒有同胞朋友照顧他時，正是他的那個中國僕人 —— 那個討厭的流氓 —— 無微不至地照顧他，連他親密的朋友和親屬都不能做到那樣周到。我認為，《聖經》裏有一句論及一個女子時所説的話，同樣可以用來形容那個中國僕人，也可以用來形容普通的中國人，這句話是：「多寬恕他們一些，因為他們愛得更多。」在中國的外國人看到並了解到中國人的習慣和性格中有許多不足和缺點，但他們仍然喜歡中國人，因為中國人有同情心，或者像我所説的那樣，中國人是用心靈去感受生活，過着一種富於情感和人性關愛的生活。

我想，現在我們找到了一條線索，可以探知中國人具有同情心的秘密 —— 是同情的力量，它賦予了真正的中國人同情心和真正的人性智慧，讓中國人擁有無以言表的溫良。下面，讓我們來驗證一下這一線索或者假設。看看「中國人過着一種心靈生

活」這一假設，是否既能在我前面舉出的兩個個例中得到驗證，又能在我們看到的中國人的實際生活的普遍情況中得到驗證。

首先，來看看中國的語言。由於中國人過着一種心靈生活。我說，中國的語言也是一種心靈語言。現在眾所周知的一個事實是，在中國的外國人中，孩子和未受教育的人學習漢語要比成人和受過教育的人更加容易。原因是甚麼呢？我說原因在於孩子和未受教育的人是用心靈語言來思考和說話；而受過教育的人，特別是受過歐洲現代智力教育的人，是用頭腦或智力的語言來思考和說話的。事實上，受過教育的外國人覺得學習漢語那麼困難的原因，恰恰就在於他們受到的教育過多，在腦力和科學方面所受的教育過多。《聖經》用來形容天國的那句話，我們也可以用來形容中國的語言：「除非你成為一個孩子，否則你就不可能學會中文。」

接着，來看看另外一個在中國人生活中人所共知的事實 —— 中國人有極好的記憶力。秘密是甚麼？秘密就是：中國人記憶事情是用心靈而不是用

大腦。心靈具有同情的力量，具有像膠水一樣的作用，比刻板而不動感情的大腦或者智力，能更好地保留住所記之事。舉個例子，這也可以解釋我們童年時期記憶所學之事的能力，要比成年後記憶所學之事的能力強得多。這是因為孩子，就和中國人一樣，是用心靈而不是用大腦來記憶東西的。

再接下來，來探討一下中國人生活中的另一個公認的事實 —— 中國人的禮貌。人們經常說，中華民族是特別注重禮儀的民族。那麼真正的禮貌的本質是甚麼呢？是體諒他人的感受。中國人有禮貌是因為他們過着一種心靈生活，他們能覺知自己的感受，因而對他們而言理解他人也很容易。儘管不像日本人的禮貌那樣刻意講究，中國人的禮貌卻令人愉悅，就像法國人用優美的語言表達的那樣，「由心而發的禮貌」（la politesse du coeur）。另一方面，日本人的禮貌雖然講究且周全，卻無法令人愉悅，而且我已經聽一些外國人說不喜歡日本人的那種禮貌，因為它像是一種在戲劇表演中用心排練後，硬記下來的禮貌。這與中國人發自內心、自然流

露的禮貌不同。事實上，日本人的禮貌就像一朵沒有香味的花；而真正的中國人的禮貌有一種芳香，一種自然散發的名貴香水的芬芳（instar ungurenti fragrantis）。

最後，來看看中國人的另外一個性格特徵——缺乏精確性，美國傳教士亞瑟·史密斯曾因揭示了中國人的這個特徵而聲名大噪。那麼中國人缺乏精確性的原因是甚麼呢？我要說，這還是因為中國人過着一種心靈生活。心靈是一種微妙而敏感的平衡。它不像頭腦或智力那樣是一套僵硬、刻板、精確的工具。用心靈去思考，你就不可能做到像用頭腦或者用智力去思考那樣穩定而精確。至少，做到這一點是極其困難的。中國人使用的毛筆是一種柔軟的刷子，事實上，它或許可以作為中國人精神的一個象徵。用它寫字和作畫非常困難，但是一旦你掌握它的用法後，你用它書寫和繪畫時，會創造出一種用堅硬的鋼筆書寫和繪畫時所無法達到的美感和優雅。

上述這些是與中國人的生活相關的幾個簡單事

實，任何人，即便是對中國人沒有一點了解的人，也能觀察到這些事實，理解這些事實。而且通過探討這些事實，我想我已經證明了「中國人過着一種心靈生活」這一假設。

因為中國人用心靈去感受生活，過着一種孩童般的生活，所以中國人在很多方面都非常簡單純樸。確實，有一個事實值得注意：作為世界上一個歷史源遠流長的偉大民族，中國人至今在很多方面還很原始純樸。這個事實讓淺薄的外國學者認為中華文明沒有進步、停滯不前。不過，必須承認的是，就純粹的智識生活而言，中國人在某種程度上屬於發育停滯的人。正如諸位所知，中國人不但在自然科學方面，而且在純粹的抽象科學方面，比如數學、邏輯學和哲學等方面，進步很小甚至可以説沒有進步。事實上，歐洲語言中的「科學（science）」與「邏輯（logic）」這兩個單詞，如今在漢語中還沒有確切的對應詞。中國人用心靈體驗生活，過着如孩童般的生活。中國人對抽象科學沒有興趣，因為這些領域並不涉及心靈和感覺。事實上，每一件與心靈和

感覺無關的事情，像是統計報表之類的東西，中國人都不喜歡，甚至達到了厭惡的程度。但是，如果統計報表和純粹的抽象科學讓中國人充滿了厭惡，那麼歐洲人正在研究的自然科學 —— 為了驗證科學理論，要肢解和損傷活生生的動物 —— 則會令中國人感到憎惡和驚恐。

我得說，就純粹的智識生活而言，中華民族在某種程度上屬於發育停滯的民族。中國人至今仍像孩童般，用心靈去感受生活。在這一點上，儘管中華民族是一個古老的民族，卻直到今天在很多方面還是如孩童般天真幼稚。但諸位應該記住的一點是，這個民族雖然如孩童般用心靈去體驗生活，在很多方面都是原始且純樸的，然而中國人卻擁有在原始人身上找不到的思想和理性的力量，這種思想和理性的力量使中國人能成功地處理複雜而棘手的社會生活、政治和文明的問題。在此我要斗膽地說一句，無論古代還是現代的歐洲民族，都未獲得這種力量。就中國人的這種成就而言，其重大意義就在於，它切實地使一個管轄着亞洲大陸大部分人口

的龐大帝國維持了和平與秩序。

實際上，在此我要説的是，中華民族最奇妙的獨特之處，並不在於他們用心靈去感受生活。所有早期原始民族也都是用心靈去感受生活的。如我們所知，歐洲中世紀的基督徒也同樣是用心靈去感受生活的。馬修・阿諾德[3]就説過：「中世紀基督徒的詩歌就是依靠心靈和想像創作出來的。」但是，在此我想説明，中華民族最奇妙的特質是：雖然他們過着心靈生活、孩童般的生活，卻仍然擁有一種思想和理性的力量，這種力量是中世紀的基督徒或任何原始的民族所沒有的。換句話説，中華民族最奇妙的特質是，作為一個歷史悠久的成熟民族，作為一個具有成年人理性的民族，這個民族到今天仍然能夠過着孩童般的生活，或者説用心靈去感受生活。

因此，不應該説中華民族是一個發育停滯的民族，而更應該説這是一個永不衰老的民族。簡言之，中華民族最奇妙的特質就在於其擁有了永葆青春的

3　馬修・阿諾德（Matthew Arnold, 1822—1888），英國詩人、評論家。

秘密。

　　現在我可以回答開始時提出的問題了：甚麼是真正的中國人？我們現在看到，真正的中國人就是以成年人的理性和孩童的心靈去生活的人。簡言之，真正的中國人是兼具成人思想和孩童的心靈的人。因此，中國人的精神是一種永葆青春的精神，是不朽的民族精神。那麼，中國人具有不朽的民族精神的秘密是甚麼呢？諸位會記起我在討論一開始時就說過，中國式的人 —— 真正的中國人 —— 之所以具有那種無以言表的溫良氣質，正是因為他們擁有真正的人性智慧。真正的人性智慧是同情與智慧兩者相結合的產物，是心與腦共同協作的結果。簡單地說，真正的人性智慧是心靈與智慧的完美結合。如果中國人的精神是一種永葆青春的精神，是一種不朽的民族精神，那麼，其不朽的奧秘就在於心靈與智慧的完美結合。

　　現在諸位會問我，既然這種心靈和智慧的完美結合，使中國人作為一個種族和民族能夠過着一種永葆青春的生活，那麼，中國人是從哪裏，以及如

何得到這種民族不朽的秘密的呢？答案顯然是：從他們的文明中得到了這種秘密。你們肯定不希望我在這有限的時間裏，長篇大論地給各位做關於中華文明的演講。但我願意儘力給諸位講一些與我們現在討論的主題有關的中華文明的事情。

首先，我要告訴諸位，在我看來，中華文明和現代歐洲文明有一個極大的、根本性的區別。在此，讓我引用在世的著名藝術評論家伯納德·貝倫森[4]先生的一句絕妙之言。在把東方藝術和歐洲藝術作對比時，他說：「我們歐洲的藝術有一種演變為科學的致命傾向，而且我們幾乎沒有甚麼傑作中不帶着利益分割的戰場印記。」現在我要說的是，歐洲文明，正如貝倫森先生所言的歐洲藝術一樣，也是一個為了各自的利益而爭奪的戰場。一方面是科學和藝術為了各自的權益鬥爭不斷，另一方面是宗教和哲學的衝突。事實上，這是大腦和內心——智慧和心

4　伯納德·貝倫森（Bernard Berenson, 1865—1959），立陶宛裔美國藝術鑒賞家和歷史學家。

靈 —— 不斷衝突的殘酷戰場。在中華文明中，至少在過去的兩千四百年間[5]沒有這種衝突。我認為，這就是中華文明和歐洲現代文明的一個極大的、根本性的區別。

換言之，我認為在現代歐洲，宗教能滿足人們的心靈卻不能滿足頭腦的需求，哲學能夠滿足人們的頭腦卻不能滿足心靈的需求。現在讓我們看看中國。有些人說中國沒有宗教。毫無疑問，中國的多數百姓甚至並不重視宗教。我這裏指的是歐洲語言字面意義上的宗教。中國的道教和佛教，以及道教和佛教的寺廟、儀式和慶典，它們的娛樂性超過了教化作用。可以說，它們對中國人審美意識的觸動，勝於對他們的道德感和宗教感的觸動。事實上，它們更多喚起的是人們的想像，而非啟發他們的心靈或靈魂。不過，與其說中國人沒有宗教，不如說中國人不想要宗教更準確 —— 他們沒有對宗教的情感需求。

5　文章後面多處提到「在過去的兩千五百年間」，所以此處疑為作者筆誤。

中國人，就連中國的普通大眾都沒有對宗教的情感需求，如何解釋這一奇特的事實呢？對於這一點，一個英國人給出了解釋。這個英國人就是羅伯特・道格拉斯爵士，倫敦大學的漢學教授，他在對於儒家學說的研究著作中說道：「四十多代中國人都絕對地信服一個人的權威言論。中國人所信服的那個人就是孔子，其學說特別適合那些他所教導的中國人的本性。中國人具有蒙古人種的那種不善思考的黏液質大腦，他們本能地排斥那種研究超出自己經驗範圍的事物的想法。他們對來生的觀念仍未被激發，孔子所闡述的那種樸素的、講求實際的道德體系，對滿足中國人的所有需要來說就已經足夠了。」

　　當那位博學的英國教授說中國人對宗教沒有情感需要，是因為他們有孔子學說的教導時，他是對的；但當他斷言中國人對宗教沒有情感需求，是因為中國人具有蒙古人種的那種不善思考的黏液質大腦時，他卻完全錯了。首先，宗教與思考無關，而與感覺和情感有關；它是有關人類靈魂的某

種東西。即使野蠻原始的非洲人，一脫離了純粹的動物生活，他們的靈魂就甦醒了，他們的靈魂就會感覺到對宗教的那種需要。因此，儘管蒙古人種的頭腦或許屬於黏液質型，但是我認為有一點必須要承認，那就是蒙古人種中的中國人是一類比非洲未開化的人更高等的人種。那麼，中國人也必定有靈魂。只要有靈魂，就必定會對宗教有需求，除非他們擁有某種宗教的替代物。

事情的真相是，中國人不需要宗教的原因，是他們擁有儒家學說這一能夠取代宗教位置的人類社會文明哲學和道德規範體系。人們說儒家學說不是一種宗教，這話完全正確。就一般的歐洲詞彙的意義而言，儒家學說不是一種宗教。但我隨後要說儒家學說的偉大之處正在於此 —— 它不是宗教。事實上，儒家學說的偉大之處在於：它不是宗教，但它能取代宗教；它能夠使人不再需要宗教。

現在，要弄清楚儒家學說為甚麼能夠取代宗教，就有必要找到人類、人類個體需要宗教的原因。在我看來，人類感覺需要宗教的原因，和需要科學、

藝術及哲學的原因相同 ── 因為人類是有靈魂的。現在讓我以科學為例，我這裏指的是自然科學。讓人們從事科學研究的原因是甚麼？現在大多數人認為，人們這樣做是因為他們需要鐵路和飛機。但驅使真正的科學家從事研究的動機並不是因為他們需要鐵路和飛機。如果人類像當今持進步論觀點的那些中國人一樣，因為想要鐵路和飛機才從事科學研究，那麼人類將永遠無法觸及科學。過去歐洲那些真正的科學家，致力於推動科學進步，並使建造鐵路和飛機成為可能，但他們頭腦中想的根本不是鐵路和飛機。激勵那些歐洲真正的科學家為了科學進步，致力於工作並取得成就的原因，是他們靈魂深處所感受到的那種渴望，他們渴望揭開我們所生活的這個奇妙的宇宙的奧秘。所以我說，人們感到需要宗教，與他們感到需要科學、藝術及哲學出於同樣的原因，這個原因就是人類是有靈魂的。因為人類有靈魂，所以人類會關注過去、現在，以及未來（不像動物那樣只關注現在），並感受到需要了解他們所生活的這個宇宙的奧秘。除非人類理解了宇宙

萬物的某些性質、規律和用途，弄清宇宙萬物的發展方向。否則，人類就像黑屋子裏的孩子，覺得周圍的一切事物都是危險的、不安全的，他們心裏就會充滿了不確定性。事實上，正如一位英國詩人所說：「宇宙的神秘是重壓於人們身上的負擔。」因此，人類需要科學、藝術和哲學，與其需要宗教都是出於同樣的原因，是為了減輕他們 ——

> 神秘的負擔……
> 來自這個未明世界的
> 沉重的、令人厭煩的負擔

　　藝術和詩歌能使藝術家和詩人看到這個宇宙中的美和秩序，從而減輕了宇宙的神秘給他們帶來的負擔。像歌德就曾說過：「誰擁有了藝術，誰就擁有了宗教。」因此詩人就沒有宗教需求。哲學能使哲學家看到宇宙的規律和秩序，從而為他們減輕了宇宙的神秘給他們帶來的負擔。有句話是這樣說的：「對智者來說，智力生活的王冠就是喜悅；就像對於

聖徒來說，宗教生活的王冠是喜悅一樣。」因此，像斯賓諾莎[6]那樣的哲學家對宗教也沒有需求。最後，科學也能使科學家看到宇宙的規律和秩序，從而為他們減輕了宇宙的神秘所帶來的負擔。因此，像達爾文[7]和海克爾[8]教授這樣的科學家也沒有宗教需求。

可對於不是詩人、藝術家、哲學家或者科學家的普通大眾來說，生活充滿艱辛，而且他們時刻暴露在自然力量的威脅，以及他們同胞的殘酷無情之下，有甚麼能為他們減輕「來自這個未明世界的重負」？是宗教。但是，宗教如何為普通大眾減輕宇宙的神秘所帶來的負擔呢？我認為，宗教是通過給大眾安全感和永恆感來減輕這種負擔的。面對自然力量的威脅和他們同胞的殘酷無情，以及由此產生

6　斯賓諾莎（Bamch Spinoza, 1632—1677），荷蘭哲學家，是唯物主義唯理論的主要代表之一。主要著作有《神學政治學》、《倫理學》等。

7　達爾文（Charles Robert Darwin, 1809—1882），畢業自劍橋大學，英國博物學家，進化論的奠基人，著有《物種起源》等書。

8　海克爾（Ernst Heinrich Haeckel, 1834—1919），德國生物學家。

的神秘感和恐懼感，宗教給了人類大眾庇護——讓人們能從宗教中找到安全感的庇護；這種庇護是一種信念，它讓人相信有某種超自然的存在，它對那些威脅人們的力量擁有絕對權力與控制權。此外，人們面對自己人生沉浮和歲月流逝：從出生、孩童時期、青春歲月、垂垂暮年，一直到死亡，以及生活中的變化無常和由此產生的神秘感，宗教也給了大眾庇護——在這種庇護下，人們能夠找到永恆感。而這種永恆感讓人們相信人有來生。由此，我認為，對於那些不是詩人、藝術家、哲學家或科學家的普通大眾，宗教通過給予他們一種安全感和永恆感，來減輕他們在生活中感受到的那種來自這個未明世界的神秘重負。耶穌基督說：「我賜予你安寧，這安寧，世界無法給予，也無法奪走。」這就是我所說的宗教給了普通大眾一種安全感和永恆感的意思。因此，除非你能找到一種可以帶給普通大眾同樣安寧的東西，一種像宗教一樣能夠給他們安全感和永恆感的東西，否則，普通大眾會一直懷有對宗教的需求。

但我認為，儒家學說不是宗教，卻能代替宗教。因此，在儒家學說裏一定有甚麼能給予人類大眾同樣的安全感和永恆感，就像宗教提供給他們的一樣。現在讓我們來看一看，在儒家學說裏，到底是甚麼像宗教一樣給予人們同樣的安全感和永恆感。

　　人們經常要我講一講孔子為中華民族所作的貢獻。我可以講出孔子為中華民族作的許多貢獻。但是由於今天時間有限，在此我只能給你們講一個孔子為中華民族作的主要而且非常重要的貢獻，一件他終生在做的事情。孔子自己說過，後人會藉此了解他，了解他為他們做的事情。當我為你們解釋完孔子的這個主要貢獻之後，你們就會理解，在儒家學說裏是甚麼像宗教一樣給了普通大眾安全感和永恆感。為了解釋清楚這一點，我必須請諸位允許我略為詳細地介紹一下孔子的生平。

　　你們有人可能知道，孔子生活在中國歷史上的一段擴張時期 —— 那一時期，封建分封制時代已經走到盡頭，半宗法式社會秩序和政治制度亟待發展和重建。這種巨大的變化必然不只帶來社會秩序的

動盪，也引起了人們思想的混亂。我曾說過，中華文明在過去的兩千五百年中，沒有心靈和頭腦的衝突。但我現在必須告訴諸位，在孔子生活的擴張時期，中國就像如今的歐洲一樣，人們的心靈和頭腦之間也產生了嚴重的衝突。孔子時代的中國人發現他們自己正處於包括制度、成規、公認的信條、習俗和法律在內的龐大體系之中 —— 事實上，這個龐大的社會文明體系是從他們敬仰的祖先那裏繼承來的。他們的生活要在這個體系中繼續，然而，他們開始意識到這個體系不是他們創造的，也不符合他們實際生活的需要；對於他們來說，這只是慣例，而不見得是合理的。兩千五百年前中國人這種意識的覺醒，就是今天在歐洲所謂的「現代精神」的覺醒 —— 那種自由主義精神，以及對事物尋根問底的探索精神的覺醒。中國當時的「現代精神」意識到，舊的社會文明秩序與人們實際生活的需要不相符，於是，不僅要重建一套社會文明的新秩序，還要為這套社會文明的新秩序找到一個理論基礎。但在當時的中國，所有尋找社會文明新的理論基礎的

嘗試都失敗了。有些理論，雖然滿足了中國人的頭腦——中國人的智力，卻沒有滿足他們的心靈；另外一些理論，雖然滿足了人們的心靈，卻沒有滿足他們的頭腦。就像我所說的，在兩千五百年前的中國，這種頭腦和心靈的衝突由此被引發，正如現在我們在歐洲看到的一樣。在人們試圖重建社會文明新秩序進程中的這種心靈和頭腦之間的衝突，使中國人對所有文明都感到不滿，在由這種不滿導致的苦惱和絕望中，中國人想推翻和毀滅所有文明。當時在中國的一些人，例如老子，就像今日歐洲的托爾斯泰[9]一樣，他們都看到了心靈和頭腦的衝突導致的悲慘和苦難，於是認為社會文明的本質和體系有根本性的錯誤。老子和他最有才氣的傳人莊子，都告訴中國人要拋棄所有文明。老子對中國人說：「拋開一切，跟隨我；隨我到羣山中，到羣山中的隱士之所，在那裏過真正的生活——過一種心靈生活、

9　托爾斯泰（Leo Tolstoy,1828—1910），俄國著名小說家、哲學家、政治思想家。

一種不朽的生活。」

然而，孔子雖然也看到了當時的社會和文明狀態所帶來的悲慘和苦難，但他意識到罪惡並不在於社會和文明的本質和體系，而在於社會和文明所行之路不正確，在於所建立的社會和文明理論基礎錯誤。孔子告訴中國人不要拋棄他們的文明——在一個具有正確理論基礎的社會和文明中，人們也可以過一種真正的生活，用心靈去體驗的生活。事實上，孔子終其一生都在努力嘗試把社會和文明引入正確的軌道，給文明一個真正的理論基礎，以防止它的毀滅。但是，在孔子生命最後的歲月裏，當孔子發現他不能阻止中華文明的毀滅時，他做了甚麼呢？就像一個建築師看着自己建的房子着了火，在燃燒，馬上就要坍塌時，他明白他不可能救這所房子了，他知道他唯一能做的事情就是保存好這所房子的設計圖紙，以便日後可以重建房子。所以，當孔子看到他不能阻止中華文明這個建築無法避免地毀滅時，他認為他應該保存好中華文明的圖紙和設計，因此中華文明的圖紙和設計被保存了下來，

現在被保存在被人們稱為《五經》的五本經典之作中 —— 它們是「中國的聖經舊約全書」。我認為，這就是孔子為中華民族所做的偉大貢獻 —— 他為中華民族保存了中華文明的圖紙和設計。

我認為，當孔子保存並挽救了中華文明的圖紙和設計時，他為中華民族作了偉大的貢獻。但這並不是孔子為中華民族作出的最主要、最偉大的貢獻。他最偉大的貢獻是，在保存中華文明的設計圖時，孔子對這一文明的設計藍圖進行了新的綜述分析和新的闡釋，在這一新的闡釋裏，他給出了真正的「國家」概念 —— 這是一個國家的真正而合理、永恆而絕對的根基。

但是，古代的柏拉圖 [10] 和亞里士多德 [11]，現代的盧梭 [12] 和赫伯特·斯賓塞 [13] 也對文明進行了詮釋和推

10　柏拉圖（Plato, 公元前 429—前 347）是著名的古希臘哲學家。

11　亞里士多德（Aristotle, 前 384—前 322），古希臘哲學家。

12　盧梭（Jean-Jacques Rousseau, 1712—1778）是啟蒙時代的法國與日內瓦哲學家、政治理論家、文學家和音樂家。

13　赫伯特·斯賓賽（Herbert Spencer, 1820—1903），英國哲學家。

理，並試圖給出一個真正的「國家」概念。那麼，我提到的歐洲偉人們的哲學和關於文明的學說，與另一種文明學說——被稱為「儒家學說」的哲學和道德體系，在它們之間有甚麼不同？在我看來，這種不同是這樣的：柏拉圖、亞里士多德和赫伯特·斯賓塞的哲學沒有成為一種宗教或者說等同於宗教的信仰，沒有成為一個民族或民眾所接受的信仰，而儒家學說已經成為中國民眾的一種宗教或者說等同於宗教的信仰。我在這裏所說的「宗教」，不是歐洲人狹義所指的「宗教」，而是就廣義而言的「宗教」。歌德說：「唯有民眾懂得甚麼是真正的生活，唯有民眾過着真正的人的生活。」（Nur saemtliche Menschen erkennen die Natur; nur saemtliche Menschen leben das Menschliche.）那麼當我們提到廣義的「宗教」時，正如歌德所言，我們通常指的是一套真實且有約束力的道德準則，它被人類大眾接受，或者至少，也是被一個民族或國家的普通大眾接受。從這種寬泛而普遍的意義上來講，基督教和佛教是宗教。而儒家學說，如諸位所知，也已經成

為一種宗教，因為儒家學說被所有中國人認可，其道德準則實際上約束着整個中華民族。而柏拉圖、亞里士多德和赫伯特・斯賓塞的哲學，即使在這種寬泛和普遍的意義上講，也不能成為宗教。我認為，這就是柏拉圖、亞里士多德以及赫伯特・斯賓塞的哲學與儒家學說之間的不同：一種依然是學者的哲學，而另一種則成為整個中華民族，也包括中國學者在內的普通大眾的宗教或者說等同於宗教的信仰。

從「宗教」這種寬泛而普遍的意義上來講，我說儒家學說，如基督教和佛教一樣，是一種宗教。但是，你們也許記得我說過儒家學說不是歐洲狹義上的宗教。那麼，儒家學說和歐洲人的宗教區別是甚麼呢？區別當然是後者包含了一種超自然的起源和因素，而前者則沒有。但除了這種超自然和非超自然的區別之外，還有另一種區別存在於儒家學說與歐洲狹義的宗教（如基督教和佛教）之間。歐洲的宗教教導人要成為一個好人。不過儒家學說的教導遠不止於此，儒家學說還教導人要成為一個良民。在基督教的教理問答裏問道：「人的主要目標

是甚麼？」而孔子語錄裏問道：「公民的主要目標是甚麼？」這樣問，是因為儒家認為一個人不是孤立的，而是處於同他人及國家的聯繫中的。基督教的教理問答中回答說：「人的主要目標是讚美神，榮耀神。」孔子語錄裏回答說：「公民的主要目標是成為孝子和良民。」有子，孔子的弟子，他的話被引用在《論語》中：「一個明智的人要致力於生命的根本 —— 人的主要目標，生命的根本確立了，智慧、信仰也就有了。那麼，成為孝子和良民，不正是這一根本嗎？是一個有道德的人的主要目標。」[14] 簡言之，歐洲的宗教，旨在讓人通過自身的努力，成為一個理想的完人 —— 成為一個聖徒，一個佛陀，一個天使；而儒家學說，則旨在讓人成為一個品行良好的公民 —— 做一個孝子和良民。換句話說，歐洲的宗教說：「如果要擁有宗教信仰，你就必須成為一個聖徒、一個佛陀、一個天使。」而儒家學說則說：

14　《論語》中的原文是「君子務本，本立而道生。孝悌也者，其為仁之本與！」

「如果你成為一個孝子和良民，那麼你就擁有了宗教信仰。」

　　事實上，歐洲狹義所指的宗教，如基督教或者佛教，和儒家學說真正的區別在於：一個是個人的宗教，或者可以稱作「教堂宗教」；而另一個是社會宗教，或者可以稱作「國家宗教」。我認為，孔子為中華民族所作的最偉大的貢獻就是：他為中華民族灌輸並確立了一種真正的國家觀念。在確立了真正的國家觀念的同時，孔子也使其變成了一種宗教。在歐洲，政治是一門科學；但在中國，政治自孔子時代起，就是一種宗教。簡言之，孔子為中華民族所作的最偉大的貢獻就是：他創立了一種社會的宗教，或者說國家宗教。孔子在其晚年所著的《春秋》一書裏，記述了這種國家宗教。孔子給這本書取名為《春秋》，是因為這本書的主旨，是要記述影響國家興衰的真正的道德根源，「春」代表興起，「秋」代表衰落——國家的春與秋。這本書也可以被稱為「當代編年史」，與卡萊爾的《當代短論》類同。在這本書裏，孔子概述了社會和文明走向錯亂和腐朽

的歷史，以及這種錯亂和腐朽導致的所有苦難和不幸，孔子找到這種苦難和不幸的真正根源：那就是人們沒有真正的國家觀念，沒有正確的責任觀念，即對國家和君主盡義務的觀念。從某種意義上說，孔子在這本書中還宣揚了君主擁有神聖的權利（君權神授）的觀念。我知道在座的所有人，或者大多數人，不相信君主擁有神聖的權利。在此我們暫不爭論這個問題。我只想請你們聽我把下面的話說完，再來作出判斷。同時，請允許我引用卡萊爾的一句話。卡萊爾曾說：「統治我們的君權，如果不是神授的權力，那就是魔鬼般的罪惡。」現在，在君主擁有神聖的權利這個問題上，我希望你們記住並深思卡萊爾的這句話。

在《春秋》這本書裏，孔子教導說，在人類社會中，所有普通的關係和交往中，影響着人們行為的，除了趨利避害這種基本動機之外，還有一種更高尚、更高貴的動機。這種超越了人類基本動機的更高尚、更高貴的動機就是「責任」。因此，在人類社會的所有關係中最重要的人民羣眾與君主的關係

中，也有「責任」這種更高尚、更高貴的動機，來影響和鼓舞人們的行為。但是，讓一個國家的人民向國家或者君主盡義務的合理依據是甚麼呢？在孔子時代之前的封建分封制度時期，由於半家族式的社會秩序和統治形式，當時的國幾乎就等同於家。因此，人們並不覺得向君主盡責任還需要甚麼清楚和穩固的理論依據。因為，他們都是同一宗族的成員，血緣關係和親情的紐帶在某種程度上已經把他們和他們的君主，亦即他們宗族中地位較高的成員，捆綁在一起。但是在孔子的時代，中國的「封建土地分封制」已經走到盡頭。那時國家的規模已經超過了宗族的規模；而那時國家的公民不再只由同一宗族成員組成。因此，就有必要為國家的公民找到一個清楚、合理、穩固的新的理論依據，讓他們向其君主盡「責任」。那麼，孔子為這種責任找到的新依據是甚麼？孔子在「名聲榮譽」這個詞裏為這種責任找到了新的理論依據。

去年我在日本的時候，前文部大臣菊池大麓男爵（Baron Kikuchi）請我翻譯孔子講授國家宗教的

《春秋》一書中的四個漢字。這四個漢字是 ——「名分大義」。我把它們譯為「榮譽和責任的偉大原則」。正是出於這個原因，中國人使儒家學說和所有其他宗教有了特殊區別，他們沒有把孔子的學說稱為「教」（「教」在漢語裏一般是用以稱呼宗教的術語，如佛教、伊斯蘭教和基督教這樣的宗教），而是把孔子的學說稱為「名教」—— 名聲榮譽的宗教。還有，在孔子的學說中，「君子之道」這一術語，理雅各博士 [15] 翻譯為「優異殊甚的人之行事方法」（the way of the superior man）在歐洲語言裏與「君子之道」意義最接近的詞是「道德律」（moral law）。「君子之道」照字面意義解釋，就是「君子之法」，也就是「君子行事的法則」。其實，孔子的整個哲學和道德體系可以歸結為：君子之法。孔子把「君子之法」編成法典，並使其成為宗教 —— 一種國家宗教。這種國家宗教的第一信條就是「名分大義」，即「榮譽和責任

---

15 理雅各（James Legge, 1815—1897），近代英國著名漢學家，曾任英華書院校長，倫敦傳道會傳教士。

的偉大原則」，也可以被稱作「榮譽的法典」。

在這一國家宗教裏，孔子教導説，對於國家和所有社會和文明來説，唯一正確、理性、永恆、絕對的根基，都是這種「君子之法」，即人的榮譽感。我想，在座諸位，即便是那些相信政治裏毫無道德可言的人，都明白並且願意承認，人的榮譽感在人類社會中是多麼重要。但我不確定是否在座各位都意識到：無論對於人類社會裏的哪個羣體而言，人的榮譽感都是絕對必要的；事實上，正如諺語所言：「盜亦有道」，即便是一羣盜賊也有他們的榮譽感。如果人沒有榮譽感，所有社會和文明會立即崩潰瓦解，化為烏有。請允許我為各位解釋一下其中的緣由，讓我們拿像賭博這樣一件社會生活中的瑣事來舉例。只有所有坐下來參加賭博的人內心都受一種榮譽感的約束 —— 輸者付錢，才能在某種花色的紙牌或者骰子出現時，願賭服輸，否則賭博也無法進行下去。再説商人，除非商人們在內心認可並接受榮譽感的約束去履行合同，否則所有交易都無法進行下去。可是各位會説，違約的商人可以被送

上法庭。的確如此，可是如果沒有法庭，又會怎樣呢？此外，再看看法庭，法庭怎樣才能讓食言的商人履行他的合約呢？靠武力。事實上，如果人類沒有榮譽感，僅憑武力的話，社會只能暫時得以維繫。不過我認為我能夠解釋，為甚麼僅憑武力無法使社會永遠地維繫下去。警察可以使用武力迫使商人履行合約。可是律師、地方官員，或者共和國的總統這樣的人呢？他們又怎樣讓警察履行自己的職責呢？諸位知道這些人不能通過武力去達到目的；但是，那要通過甚麼手段去達到他們的目的呢？要麼是通過警察自身的榮譽感，要麼是通過欺騙的手段。

在現代，在全世界的範圍內 —— 很遺憾，也包括在中國 —— 律師、政客、地方官員，以及共和國的總統都是用欺騙的手段讓警察履行職責的。在現代社會，律師、政客、地方官員和共和國的總統告訴警察，他必須履行職責才能對社會有益，對國家有益；而有益於社會則意味着這個警察能夠按時得到薪水，如果沒有薪水，警察和他的家人會餓死。我要說的是，對警察說這番話的律師、政客或共和

國的總統，這些人使用了欺騙的手段。我說這是欺騙，是因為所謂的「國家的利益」對警察而言，意味着他們每週能得到的十五先令的薪水，這點薪水僅能使他和他的家人不至於飢餓，而對律師、政客、地方官員，以及共和國的總統來説，則意味着每年一到兩萬英鎊的收入，這些人住着好房子，用着電燈，開着汽車和享受舒適奢侈的一切，讓成千上萬人不得不用血汗勞動來供養他們。我說這是欺騙，是因為如果沒有人的內心裏認可的榮譽感 —— 沒有那種讓賭徒把口袋裏的最後一分錢付給贏了他的人的榮譽感，那麼，所有導致社會貧富不均的財產轉移和佔有，就沒有任何的理由和約束力。因此，雖然那些律師、政客、地方官員，以及共和國的總統大談着社會利益和國家利益，但他們真正依靠的是警察內心所具有的榮譽感。這種榮譽感不但讓警察履行職責，還讓他們尊重財產權，並滿足於一週十五先令的薪水；而律師、政客及共和國的總統卻得到每年兩萬英鎊的收入。我說這是欺騙，是因為當這些現代社會中的律師、政客、地方官員和共和

國的總統，在要求警察具有榮譽感的同時，自己卻相信「政治上沒有道德，沒有榮譽感」，並且公然地據此行事。

諸位可能還記得，我引用過卡萊爾的話：「統治我們的君權，如果不是神授的權力，那就是魔鬼般的罪惡。」現代的律師、政客、地方官員，以及共和國總統的這種欺騙行為，就是卡萊爾所說的魔鬼般的罪惡。正是這種欺騙行為，這種現代社會公職人員的虛偽狡詐，一邊在政治上毫無道德、毫無廉恥地說話行事，一邊卻仍然在巧言令色地大談社會利益和國家利益；正是這種狡詐，引起了卡萊爾所說的，也是我們如今所看到的「遍地的苦難、暴動、騷亂、貧苦階級起義的熱潮、暴政復辟的寒流、無數民眾的窮困潦倒和軍隊的養尊處優」。簡而言之，正是這種欺騙手段和武力並用，狡詐和軍國主義結合，律師和警察的勾結，催生了現代社會的無政府主義者和無政府主義；這種武力和欺騙手段並用，傷害了人們心中的道德感，引發了無政府主義者們的一些瘋狂行為——將炸彈投向那些律師、政客、

地方官員，以及共和國的總統。

　　事實上，如果一個社會的民眾心中沒有榮譽感，社會政治中毫無道德的話，我認為這個社會是無法維繫的，至少是無法持久的。因為在這樣一個社會裏，那些為律師、政客、地方官員，以及共和國的總統所哄騙的警察，會因此陷入自我懷疑之中。警察被告知，履行其職責於社會的有益。但是警察只是社會的一分子，也可憐，至少他和他的家人都是社會最重要的一分子。若有其他的途徑（哪怕是做暴徒），只要能比當警察得到更多的報酬，能改善警察與其家人的生活條件，那也意味着他為社會盡責。那麼，警察遲早會得出這樣的結論：既然政治中既沒有榮譽感也沒有道德，如果做一個革命黨或者無政府主義者能得到更好的報酬以供養自己和家人，而且那也意味着造福社會，那麼，他就沒有理由非做警察不可了。在一個社會中，一旦警察得出這樣的結論時，那麼，這個社會就注定要崩塌了。孔子在《春秋》這部書中講授了他的國家宗教，並描述了他所處的時代 —— 那個時代正如今日之世

界，官員沒有榮譽感，政治中沒有道德——社會注定崩塌。孟子說：「孔子作《春秋》，亂臣賊子懼。」

不過言歸正傳，我認為，人們心中沒有榮譽感的社會無法維繫，無法持久。因為，我們已經看到，即使在賭博或做買賣這樣無足輕重的瑣事中，榮譽感在人與人的關係中都如此重要且不可或缺。那麼人類社會建立的兩個最基本的制度——家與國，在此兩者中，榮譽感必然更加不可或缺。那麼，如諸位所知，在所有民族的歷史上，社會文明的興起總是始於婚姻制度的確立。歐洲的教會宗教使婚姻成為一種神聖之事，不容褻瀆。在歐洲，婚姻聖禮的合法性由教會和上帝賦予。不過這只是一種表面的形式，或者可以說是法律上的認可。婚姻的神聖性，其真正的、內在的約束力——正如我們在沒有教會宗教的國家所見到的那樣——是人內心的榮譽感，即男女之間的君子之道。孔子說：「君子之道，造端乎夫婦。」換句話說，對榮譽感的認同，即對君子之道的認同，使所有公民社會的國家中建立了婚姻制度。這種婚姻制度又使家庭建立。

我說過，孔子所教導的國家宗教是一套榮譽的法典，而且這套榮譽的法典源自君子之法。但是現在，我必須告訴你們，在孔子時代之前很長的時間裏，中國就已經存在着不明確、未成文的君子之法。這種不明確、未成文的君子之法的法典被稱為「禮」，即禮儀、修養，或者說舉止得體之法。後來，在孔子時代之前，中國出現了一位偉大的政治家，此人被譽為中國傑出的立法者 —— 周公（公元前1135年為周武王輔相）。他在孔子之前，最先明確、整理並制定了一部文字形式的君子之法的法典，也就是中國那時所說的「禮數、修養、舉止得體之法」。因為它是由周公制定的成文的君子法典，所以被稱為「周禮」 —— 周公之禮。這部周公禮法的法典可以被認為是中國前儒家學說，或者，就像在前基督教時代猶太民族的摩西律法那樣，可以稱為「中國人的舊禮」。正是這套周公禮法 —— 首部文字形式的「君子之法」法典，第一次在中國賦予了婚姻的不可侵犯性。因此，中國人至今還把婚姻的聖禮稱為「周公之禮」，也就是周公禮法。通過婚姻聖

禮制度，中國的前儒家學説，或者舊禮建立了家庭制度。它曾一度保證了中國人家庭的穩定性和持久性。因此在中國，這種被認為是前儒家學説，或者舊禮的周公禮法，也可以被視為一種「家庭宗教」，以區別於孔子後來所教導的國家宗教。

現在，可以説，孔子在其教導的國家宗教裏，針對之前已經存在的那種「家庭宗教」作了新的解釋。換句話説，孔子在他教導的國家宗教裏賦予了「君子之法」一種新的、更廣泛、更全面的內涵。在孔子時代之前的那種中國舊禮，即「家庭宗教」，確立了婚姻的聖禮。孔子通過在他教導的國家宗教裏賦予了「君子之法」新的、更廣泛、更全面的內涵，確立了一種新的聖禮。孔子確立的這種新的聖禮，不再稱為「禮」—— 禮法，他稱這種新的聖禮為「名分大義」，我譯成「榮譽和責任的偉大原則」或者「榮譽法典」。通過「名分大義」或者「榮譽法典」的確立，孔子為中國人創立了國家宗教，這種國家宗教代替了從前的那種家庭宗教。

孔子在他提出的國家宗教裏教導説，在之前，

由於人們處於舊禮之下，即「家庭宗教」之下，一個家庭中的妻子和丈夫受到了婚姻聖禮的約束，也就是受周公禮法的約束，以確保他們婚姻契約的神聖不可侵犯，並且絕對遵守它。因此，在孔子確立的這種國家宗教的新禮教下，國家的民眾和他們的君主之間要受「名分大義」這一新禮的約束，也就是受國家宗教確立的「榮譽和責任的偉大原則」或者「榮譽法典」的約束，以保證忠於他們之間的契約，把它當作莊嚴而神聖的事物，並予以絕對遵守。簡而言之，這個由孔子確立的稱為「名分大義」或者「榮譽法典」的新禮，正如在孔子時代之前確立的那種作為婚姻聖禮的舊禮——周公禮法，是一套關於「忠誠的契約」的聖禮。通過這種方法，如我所言，孔子賦予了君子之法一種新的、更廣泛的、更全面的內涵，而且由此給之前的那種中國的家庭宗教以一種新的闡釋，使之成為國家宗教。

換句話說，儒家學說的國家宗教把忠誠契約作為一種聖禮，就像在孔子之前的時代，中國的家庭宗教把婚姻契約作為聖禮一樣。正如依據由家庭宗

教建立的婚姻聖禮，妻子被要求絕對忠實於她的丈夫。在中國，根據孔子倡導的國家宗教所確立的「名分大義」或者「榮譽法典」的這種忠誠契約的聖禮，中國人被要求絕對忠誠於皇帝。在中國，在孔子倡導的國家宗教裏，這種忠誠契約的聖禮可以被稱為「忠君之禮」或者「忠君之教」。諸位可能記得，我說過孔子在某種程度上宣揚了「君權神授」的思想。但是與其說孔子宣揚了「君權神授」，倒不如說孔子教導了「忠於君主的神聖責任」。在中國，孔子教導的這種神聖責任，或者說絕對忠誠於君主的責任，不像歐洲的君權神授的思想。歐洲的「君權神授」，其合法性源於像是上帝或者某種神秘的超自然存在的權威，而中國的「君權神授」，其合法性源於君子之法──人內心的榮譽感，正是這種榮譽感讓中國的所有妻子忠於自己的丈夫。事實上，孔子所倡導的這種絕對忠誠於君主的思想，也是來自那種使商人信守承諾履行合約，使賭徒願賭服輸的同樣簡單的榮譽感。

那麼，既然我所說的家庭宗教──包括中國的

舊禮教，以及所有國家的教會宗教在內 —— 是通過確立了婚姻的聖禮制度和神聖性建立了家庭，因此我要說，孔子教導的國家宗教，是通過確立了這種忠君之約的新禮教制度建立了國家。如果你認為世界上第一個確立婚姻的聖禮和神聖性的人，為人類和文明事業作出了巨大的貢獻，我想，隨後你就會理解當孔子確立了忠君之約的新聖禮和神聖性時，他作出了多麼巨大的貢獻。婚姻的聖禮制度保證了家庭的穩定性和持久性，沒有它人類就會滅絕。忠君之約的聖禮制度保證了國家的穩定性和持久性，沒有它人類社會和文明就會全部毀滅，而人類會重返原始或者動物狀態。因此，我告訴你們：孔子為中華民族做得最偉大的事情是他賦予了中國人一種真正的國家觀念 —— 這是一個國家真正的、理性的、永恆的、絕對的基礎，而且，他使這一觀念成為一種信仰 —— 國家宗教。

孔子在一本書裏講授了這種國家宗教，就像我告訴過你們的，這本書就是孔子在他生命的最後歲月中所寫的《春秋》。在這本書裏，孔子首先確立

了忠君之約的新聖禮，稱為「名分大義」，或者「榮譽法典」。因此，這一聖禮通常被稱為「春秋名分大義」，或者簡稱「春秋大義」，也就是春秋時代的榮譽和責任的重大原則，或者簡單地說，就是春秋時代的重大原則或法典。這本孔子教導忠誠的神聖責任的著作是中華民族的大憲章（Magna Charta）。它包含了神聖的誓約——神聖的社會契約，孔子正是藉此使全體中國人民絕對效忠於君主。因此在中國，這個契約或聖禮，這個榮譽的法典，不僅是國家和政府的，也是中華文明唯一的真正的章程。孔子說通過這部著作後人會了解他——了解他為世界所作的貢獻。

我兜了一個大圈子才回到我想說的重點上，恐怕已經耗盡了你們的耐心。不過現在我們已經回到我最後留給你們的問題上。你們還記得我說過人類大眾總是會感到需要宗教——我指的是歐洲字面意義上的宗教，這是因為宗教提供給他們一種庇護。通過信仰神這一全能的存在，人類大眾能找到他們生存的永恆感。但是，我說過孔子教導的這種哲學

和道德體系，即儒家學說，能夠替代宗教，能夠讓人類大眾不再需要宗教。因此，我認為，在儒家學說中一定有某種東西能像宗教一樣給人類、給大眾同樣的安全感和永恆感。現在，我認為我們已經找到了這種東西。那就是孔子在他的國家宗教裏所教導的「忠於君主的神聖責任」。

正是由於「中華帝國」中的每一個男人、女人和孩子有絕對效忠於皇帝的神聖責任，就像諸位能夠理解的那樣，在中國民眾的心裏，皇帝被賦予了一種絕對的、至高無上的、超越一切的全能力量；而這種對至高無上的、卓越的、無限的皇權的絕對信仰，給予了中國人 —— 中國的民眾 —— 同樣的安全感，就像在其他國家對神、對宗教的信仰能給予大眾同樣的安全感一樣。這種對皇帝擁有全能力量的信仰，也保證了在中國民眾的心目中國家的絕對穩定性和持久性。國家的這種絕對穩定性和持久性又保證了社會發展的無限持續和永恆。這種社會發展的無限持續和永恆，最終讓中國人在心中相信種族的不朽。因此，正是這種對種族不朽的信仰，這

種由神聖的忠於君主的責任，而衍生出的對皇帝的全能力量的信仰，給了中國人一種生命的永恆感，就像在其他國家宗教給予大眾對來生的信念一樣。

此外，正如絕對忠誠於君主的神聖責任確保了民族的不朽，祖先崇拜保證了家族的血脈延續。事實上，中國的祖先崇拜並非建立在對來生的信仰上，而是建立在對種族不朽的信念上。當一個中國人臨死的時候，使他得到慰藉的不是他相信會有來生，而是相信他的孩子、孫子、曾孫，所有那些他最親近的人，都會記住他，想念他，永遠熱愛他。因此，在這種想像中，對一個中國人來說，死亡就像開始一場很長、很長的旅行，即便沒有全然的希望，至少也會有很大的「可能」與親人重逢。這樣，儒家學說裏的祖先崇拜，以及忠於君主的神聖責任，在中國人活着的時候給予了他們生存的永恆感，在他們死時給予了他們慰藉，而在其他國家裏，給予大眾同樣慰藉的是信仰來生的宗教。正是這個原因使中國人把祖先崇拜放在和忠於君主的神聖責任的原則同樣重要的位置。孟子説：「不孝有三，無

後為大。」因此，儒家學說教義，即我稱為中國的國家宗教的整個體系，真正包含的只有兩樣東西：對君主的忠誠和對父母的孝順——用漢語說，就是「忠孝」。「忠誠」共有三條，漢語稱為「三綱」，即儒家學說或者說國家宗教中的三個最重要的責任，按照它們的重要程度依次是：第一，絕對忠誠於君主；第二，孝順父母，敬奉祖先；第三，婚姻的神聖和妻子對丈夫的絕對服從。這三條中的後兩條已經包含在我所謂的家庭宗教，或者說在孔子時代之前的中國的舊禮教裏；然而第一條——絕對忠於君主——是孔子最先倡導的，並藉此為中華民族確立了國家宗教或者說新體制宗教。在儒家學說裏，忠誠的第一條——絕對忠於君主的責任，取代了在其他宗教裏的第一條——對神的信仰。正因為儒家學說有這種相當於信仰神的內容，所以就像我已經說明的那樣，儒家學說能夠替代宗教。於是中國人，甚至中國的普通民眾，都不覺得需要宗教。

不過現在，你們可能會問我正如神的權威使人類遵從宗教確立的道德準則，那麼如果沒有宗教教

導人們對神懷有信仰，如何能讓人類、讓普通大眾遵從孔子教導的道德準則——那種絕對忠於君主的責任呢？在我回答你們的問題之前，請允許我首先指出你們的一個極大的錯誤，那就是人們確信神的權威約束人類遵守道德準則。我告訴過你們，在歐洲，婚姻的聖禮和神聖不可侵犯性是教會賦予的，而教會權力的合法性是神賦予的。不過我說過這只是個表面的、形式上的認可。婚姻的神聖，其真實的、真正的、內在的約束力，就像我們在所有沒有教會宗教的國家中見到的那樣，是榮譽感，是男女之間的君子之法。這樣，使人們遵守道德準則的真正權威是人類的道德感，是人類的君子之法。因此，對神的信仰，並不是讓人們遵守道德準則的必要條件。

正是基於這個事實，讓十九世紀像伏爾泰[16]和

---

16 伏爾泰（Voltaire, 1694—1778），法國啟蒙思想家、作家、哲學家。主要著作有《形而上學論》、《哲學辭典》等。

湯姆・潘恩 [17] 這樣的懷疑論者,以及當今像海勒姆・馬克希姆爵士 [18] 這樣的理性主義者,認為對神的信仰是由宗教的創立者發明、由牧師們維持的一種欺騙或欺詐。不過這是惡劣荒謬的誹謗。所有偉人,所有智慧超凡的聖賢,都是信仰神的。孔子也信神,雖然他很少提及這點。甚至才智出眾且極為務實的拿破崙也信仰神。正如讚美詩作者所說的:「只有智識粗俗而淺薄的愚人,才會在心裏說:『神是不存在的。』」但是聖賢之人對神的信仰不同於普通大眾對神的信仰。具有偉大智慧的人對神的信仰是像斯賓諾莎那樣的信仰:對宇宙的神聖秩序的信仰。孔子說:「五十而知天命。」天命,就是宇宙的神聖秩序。聖哲們賦予這種宇宙的神聖秩序不同的名稱。德國人費希特 [19] 稱它為宇宙的神聖思想。中國的哲學語

17　湯姆・潘恩(Tom Paine, 1737—1809),英裔美國思想家、作家、社會活動家和革命家。

18　海勒姆・馬克希姆(Hiram Maxim, 1840—1916),生於美國緬因州,後移居英國,發明家。

19　費希特(Johann Gottlieb Fichte, 1762—1814),德國哲學家。

言稱它為「道」——道路。但是，無論聖哲們為宇宙的神聖秩序取了甚麼名字，我們都必須承認，正是對這種宇宙的神聖秩序的認識，使這些聖賢看到了遵守道德準則或者說道德律的絕對必要性，因為它們是宇宙的神聖秩序的一部分。

因此，儘管信仰神對於使人遵守道德準則來說並非必要條件，但是對神的信仰，必然讓人意識到遵守這些規律的絕對必要性。正是認識到這種遵守道德準則的絕對必要性，才使那些智慧非凡的聖賢理解和遵守那些道德準則。孔子說：「不知命，無以為君子也。」但是另一方面是，普通大眾並不具有非凡的智慧，無法理解這種引導智慧非凡的聖賢對宇宙的神聖秩序的邏輯，因而不能了解並遵守道德規律的絕對必要性。的確，就像馬修‧阿諾德說的：「道德律，最初總是作為一種思想為人所知，之後才作為律法被嚴格遵從，而這必然只有聖人能做到。普通大眾既沒有足夠的智慧去把這些道德律作為思想來理解，也沒有足夠堅毅的品格把它們當作律法來嚴格遵從。」正是由於這個原因，柏拉圖、

亞里士多德、赫伯特・斯賓塞所教導的哲學和道德，只對學者有價值。

但是宗教的價值在於它能使人，甚至能夠讓缺乏智慧和堅毅品格的普通大眾嚴格地遵守和服從道德準則。不過，宗教是通過甚麼方法，怎樣使人們做到這點的呢？人們認為宗教通過教導人們信仰神，從而使人們服從道德準則。然而，就像我已說明的那樣，這是個極大的錯誤。使人們真正遵守道德規律或道德準則的唯一力量，是道德感，是人們心中的君子之法。孔子說：「游離於人心之外的道德準則並非真正的道德準則。」就連耶穌基督在宣揚他的宗教時也說：「神的國度就在你心中。」因此我認為，人們認為宗教只要教導人們信仰神就可以讓人們遵守道德準則的這種觀念是錯誤的。馬丁・路德[20] 在《丹尼爾書》（又譯為《但以理書》）的評論裏說得好：「神，只不過是人們內心寄託信任、忠實、

20　馬丁・路德（Martin Luther, 1483—1546），16 世紀歐洲宗教改革運動的發起者，基督教新教路德宗的創始人。

希望和愛的所在。如果這種寄託是對的，那麼神就是真實的；如果這種寄託是錯的，那麼神也是虛假的。」因此，宗教教導的這種對神的信仰，只是一種「寄託」，或者，我把它稱為「庇護」。接下來路德寫道：「這種寄託，這種對神的信仰，必須是真實的，否則就淪為虛假。換句話說，對神的信仰一定是對神的真實認識，是對宇宙的神聖秩序的真實認識，正如我們所知，這只有智慧非凡的人才能做到，而普通大眾無法做到。」由此，你們看到，人們認為宗教教導的對神的信仰能夠讓普通大眾遵守和服從道德準則，其實是個錯覺。人們恰當地把這種宗教所教導的對神的信仰——神聖的宇宙秩序的信仰——稱為一種信念、一種信任，或者，是我所說的一種庇護。然而，這種庇護，這種宗教教導人們對神的信仰，儘管虛幻，卻有助於使人們遵從道德準則，因為，就像我說的，對神的信仰給予人類及普通民眾一種安全感和永恆感。歌德說過：「虔誠，即宗教所教導的對神的信仰，它本身不是目的，而是手段，它可以賦予人的心靈和性情一種完全的寧

靜，從而達到人類修養的最高境界。」換句話說，宗教教導的對神的信仰，通過給人一種存在的安全感和永恆感，使他們保持平靜，給予他們的心靈和情緒必不可少的安寧，去感受內心的君子之法或者說道德感，我重申一遍，這一點才是使人類真正服從道德準則或者說道德律的唯一力量。

然而，如果宗教教導的對神的信仰只是有助於讓人們遵守道德準則，那麼，宗教賴以讓人類和普通大眾遵守道德準則的主要基礎是甚麼呢？是啟示。馬修・阿諾德所言不假：「無論最高貴的靈魂持有甚麼信條，無論是異教徒恩培多克勒[21]還是基督徒保羅[22]他們都堅信啟示的必要性，那是一種使道德完善的有感染力的強烈情感。」就像我說的，宗教主要藉此讓人類，讓普通大眾能夠遵守道德準則或者道德律。那麼，宗教中這種啟示或者說有感染力的強烈情感，這種極為重要的力量是甚麼？

21　恩培多克勒（Empedocles, 公元前 495—公元前 430?），古希臘哲學家。
22　保羅，天主教稱保祿，是《聖經》中的人物。

諸位可能還記得我說過，整套儒家學說可以概括為一個詞——君子之法，我認為在歐洲語言裏最接近這個詞的同義詞，是 "moral law"（道德律，即道德規律）。孔子說君子之法隱秘玄妙。孔子說：「君子之法博大而又精妙。」[23] 然而孔子又說：「普通男女雖然智力平庸，也可以理解君子之法。普通男女雖然並不賢明，也可以實行君子之法。」[24] 歌德也知道儒家學說稱為「君子之法」的奧秘，稱它為「公開的秘密」。那麼，人類在哪裏，以及怎樣才能發現這個秘密呢？諸位還記得我曾告訴過你們，孔子說過，對君子之法的認識開始於對夫妻關係的認識——對夫婦在婚姻中的真正關係的認識。因此歌德所說的「公開的秘密」，即孔子的「君子之法」，首先是由夫婦發現的。那麼，他們又如何發現了這個秘密——孔子所說的「君子之法」呢？

　　我說過，在歐洲語言中與「君子之法」意義最接

<hr />

23　孔子的原文是：「君子之道，費而隱。」

24　孔子的原文是：「愚夫愚婦可以與知焉。夫婦之不肖，可以能行焉」。

近的是「道德律」。那麼，孔子的「君子之法」，與哲學家及倫理學者所說的道德準則或者說道德律（其區別於宗教導師們教導的道德信仰或道德律），這兩者之間有甚麼不同呢？要弄清孔子的「君子之法」，與哲學家及倫理學家的道德律之間的不同，我們首先要弄清宗教的道德律，與哲學家及倫理學家的道德律之間的不同。孔子說：「我們把天命稱為我們生命的法則。依生命的法則行事，稱為道德律。當道德律被精練並規範時，我們稱為宗教。」[25] 因此，根據孔子的觀點，宗教的道德律與哲學家及倫理學家的道德法則，兩者之間的不同在於：宗教是一種更精練、更有序的道德律，是道德律的更深刻或者說更高的標準。

哲學家的道德律告訴我們，我們必須服從我們的生命法則，也就是理性。而理性，正如人們通常理解的那樣，是指我們推理的能力，是一種緩慢思考和推理的過程，讓我們能夠辨別和認識事物外在

25　孔子的原文是：「天命之謂性；率性之謂道；修道之謂教。」

形式上那些可定義的特性和品質。所以理性，也就是我們推理的能力，僅能使我們看到道德關係裏那些可定義的特性和品質、道德觀念和是非曲直（或說正義）的外在形式、固化形態。理性本身，也就是我們推理的能力不能讓我們看到是非曲直的那些雖然無法定義卻存在的永恆不變的本質，也可以說，理性不能讓我們看到「正義的生命或靈魂」。正因如此，老子說：「能用語言描述的規律就不是永恆不變的道德規律。能被文字定義的道德思想就不是永恆不變的道德思想。」[26] 倫理學家的道德律也告訴我們，我們必須服從我們生命的法則，即良知，也就是我們的心。不過，就像希伯來《聖經》裏的智者說的：「人的心裏有諸多詭計。」因此，當我們把良知作為我們的生命法則並服從時，我們服從的很可能不是我所謂的正義的靈魂的聲音，不是正義的永恆不變的本質，而是存在於一個人內心裏的諸多詭計。

26　即「道可道，非常道；名可名，非常名。」

換句話說，宗教告訴我們，在我們遵從生命法則時，必須遵守真正的人性法則，而不是人性中動物性的或肉欲的法則。聖保羅稱這種動物性或肉慾的法則為「關乎肉體的法則」，奧古斯特・孔德[27]著名的門徒利特爾先生將它準確定義為「自我保全和繁衍的法則」；而我們生命的真正法則，聖保羅稱之為「關乎靈魂的法則」，孔子將它定義為君子之法。簡而言之，宗教告訴我們要遵守的這種真正的生命法則，就是耶穌基督所說的我們心中存有的神性。這樣我們看到，正如孔子所言，宗教是精練的、精神化的、有序的道德律，是比哲學家和倫理學家的道德法則更高、更深刻的標準。因此，耶穌基督說：「除非你的正義（或者道德）超越了文士和法利賽人（相當於哲學家和倫理學家）的正義（或者道德），否則你決不能進入天國。」

　　和宗教一樣，孔子的君子之法也是精練的、有

27　奧古斯特・孔德（Isidore Marie Auguste François Xavier Comte，1798—1857），法國著名的哲學家。

序的道德律，是比哲學家和倫理學家的道德律更深刻、更高的一種道德標準。哲學家和倫理學家的道德律告訴我們，我們必須遵從生命的法則，哲學家稱之為「理智」，倫理學家稱之為「良知」。但是，和宗教一樣，孔子的君子之法告訴我們，我們必須遵守我們真正的人性法則，它不是街上庸俗之人或者粗俗不潔之人的那種生命法則，而是愛默生所說的世界上「最簡樸、最純潔的心靈」的生命法則。事實上，想要弄清君子之法是甚麼，我們首先必須是一個君子，用愛默生的話說，就是要具有那種簡樸和純潔的精神。因此，孔子說：「人能夠提升道德標準，而並非道德標準能提升人。」[28]

　　然而，孔子說，只要我們願意學習並努力習得君子的美好情操或良好的修養，我們就能夠懂得甚麼是君子之法。在孔子的學說裏，良好的修養對應的漢字是「禮」，這個字曾經被翻譯成不同的詞義，比如「禮儀」、「禮節」和「禮貌」，但是「禮」字真正

28　孔子的原文為：「人能弘道，非道弘人」。

的意思是「良好的修養」。那麼，當這種修養，這種君子的美好情操和修養，應用到道德行為中時，就是歐洲語言中的「榮譽感」。事實上，孔子所教導的君子之法就是榮譽感。被孔子稱為「君子之法」的這種榮譽感，不像哲學家和倫理學家的道德律那樣，不是對是非曲直的外在形式或者規則的機械、刻板的認識；而是像基督教的《聖經》裏的正義那樣，是一種本能的、鮮活的、生動的感知，它感知到了是非曲直或者正義的無法定義的絕對本質，即正義的生命和靈魂，那就是所謂的「榮譽」。

現在，我們能夠來回答這個問題了：最先認識到夫妻關係的男女，是如何發現了這個秘密，即歌德說的「公開的秘密」，孔子說的「君子之法」的呢？他們之所以能夠發現它，是因為他們具有君子的高尚情操和良好修養，也就是榮譽感，這使他們看到了是非曲直或者正義的無法定義的絕對本質，感知到了正義的命脈和靈魂，即所說的榮譽。然而又是甚麼給予，或者說促使男人和女人具有這種美好情操、這種良好修養，或者說榮譽感，使他們看到「榮

譽」這一正義的靈魂呢？茹貝爾[29]用優美的法語給出了解釋。茹貝爾說：「一個人除非愛鄰如己，否則他不可能對他人真正公正。」因此，是啟示，使男人與女人看到茹貝爾所說的真正的正義，令他們覺悟「榮譽」這一正義的靈魂，使他們發現了歌德所說的「公開的秘密」，發現了孔子所說的「君子之法」。

這種啟示就是愛 —— 男女之愛。可以說，男女之愛孕育了君子之法；有了「君子之法」，人類才建立了社會和文明，而且建立了宗教並找到了神。諸位現在應該能夠理解歌德借浮士德之口所作的懺悔，其開頭是：

> 我們頭上頂着的不是天堂的穹頂嗎？
> 我們腳下踩着的不是堅實的大地嗎？

我已經闡述過，不是宗教教導應該信仰神的

---

29 茹貝爾（Joseph Joubert，1754—1824），法國詩人，著名作品《隨思錄》在其死後出版。

信條，才使人們遵從道德準則。真正使人們遵守道德準則的是君子之法，即人們心中的天國的道德準則，宗教正是借助了這一點。因此君子之法才是宗教的真正生命，而對神的信仰以及遵守宗教教導的道德準則，可以說，只是形式。不過，如果說宗教的生命、宗教的靈魂是君子之法，那麼宗教的感染力就源於「愛」。這裏說的「愛」並不僅僅意味着人類最早所認識的那種男女之間的情愛。這裏說的「愛」包括人類所有真實的感情，如父母與孩子之間的感情，也包括對所有生靈的愛心、善意、同情、憐憫、寬恕之情。事實上，所有真實的人類情感都包含在「仁」這個漢字中，「仁」字在歐洲語言裏最接近的同義詞，用古老的基督教語言說，就是「虔敬」，因為它是人所擁有的最類似神的品質；用現代的語言來說，就是「仁愛」，即仁慈的愛；或者，僅用一個字表示，就是「愛」。簡而言之，宗教的靈魂，宗教的「啟示」之源，就是漢語中的「仁」或「愛」——或者你可以用任何你喜歡的字來命名，它最先以男女之愛的形式為世人所知。於是，這就成

了宗教的感染力所在，宗教極為重要的價值。就像我說過的，宗教主要依靠它使人類、使普通大眾能夠服從那構成了神聖的宇宙秩序的一部分的道德準則或者說道德律。孔子說：「君子之道始於對夫妻關係的認識；但是在它達到最高深的境界時，它可以統御天地 —— 統御整個宇宙。」[30]

現在，我們已經在宗教裏發現了這種啟示，這種有感染力的強烈情感。但是宗教裏的這種啟示，這種有感染力的強烈情感不只存在於宗教裏 —— 我指的是教會宗教。一個人如果感受到自己對道德準則的遵從動機超過了對趨利避害的考量，每一個感受到這一點的人，都會感知到這種啟示，或者說感知到這種有感染力的強烈情感。事實上，這種宗教的啟示或者說這種有感染力的強烈情感存在於人的每一個行為中，它不是源於人類趨利避害的根本動機，而是被責任感和榮譽所激發的。所以我說，宗教的這種啟示或者說這種有感染力的強烈情感並非

30　孔子的原文為：「君子之道，造端乎夫婦；及其至也，察乎天地。」

只能在宗教中找到。但是，宗教的價值就在於，在所有偉大宗教的創始人留下的道德準則語錄裏，都包含了這種啟示或者說這種有感染力的強烈情感。這是哲學家和倫理學家的道德律裏所沒有的，就像馬修‧阿諾德所說的，揭示那些準則，使人們能夠更容易遵從它們。不過，這種在宗教道德準則語錄裏的這種啟示或者說這種極具感染力的強烈情感又不只能在宗教裏被找到。所有偉大的文學巨匠，特別是詩人，他們的語言中也包含宗教裏的這種啟示或者說極具感染力的強烈情感。例如，那些我曾經引用過的歌德的話，也含有這種啟示或者說極具感染力的強烈情感。但不幸的是，文學巨匠的語言不為普通大眾所知，因為文學巨匠所說的是受過教育的人的語言，普通大眾無法理解。世界上所有偉大宗教的創始人都有這樣一個優勢：他們大多是沒有受過教育的人，而且，他們說的是沒有受過教育的人的簡單、直白的語言，能夠讓普通大眾理解他們。因此宗教的真正價值，世界上所有偉大的宗教的真正價值，就是它能把那種啟示或者說極具感染力的

強烈情感傳達給普通大眾。想要明白這種啟示或者說極具感染力的強烈情感是如何進入宗教中的，如何進入世界上所有偉大的宗教中的，就讓我們來回顧一下這些宗教是如何產生的。

正如我們所知，世界上所有偉大宗教的創始人，都是天性中具有罕見、甚至異常強烈的情感的人。這種異常強烈的情感天性讓他們強烈地感受到愛，或者說人類之愛，就像我說過的那樣，這種人類之愛是宗教靈感的源泉，是宗教的靈魂。這種熱烈的感情——愛或者說人性之愛，使他們能夠看到那種無法定義的是非曲直或者正義的絕對本質，看到他們稱為「公正」的正義之魂，而這種對正義的絕對本質的清晰感知，使他們能夠看到是非曲直的法則，或者說道德律的內在統一。因為他們具有異常強烈的情感天性，他們擁有強大的想像力，所以無意中，他們強大的想像力賦予了道德律人格，讓它化身為一種全能的超自然的存在。對於這種全能的超自然的存在——宗教創始人們想像中的道德律的人格化統一，被他們命名為「神」，創始人們也相

信，他們感受到的熾烈的情感——那種稱為「愛」或者「人類之愛」的情感——來自神。這樣，啟示或者說極具感染力的強烈情感就進入了宗教，揭示了宗教的道德準則，為普通大眾能夠心悅誠服地走上這條筆直又狹窄的遵守道德準則之路，提供了必要的動機或情感的力量。但是，宗教的價值，不僅僅在於它的道德準則裏具有啟示或者說極具感染力的強烈情感，也在於這種啟示或者說極具感染力的強烈情感又可以揭示這些準則，讓人們能輕而易舉地遵守。宗教的價值，世界上所有偉大宗教的價值，在於它們有一個必要的組織來給人以啟示，激發人的那種強烈的情感，使人們遵從道德準則。這個組織被稱為教會。

很多人認為，教會被創立就是為了用來教導人們信仰神的。但這是一個大錯誤。正是對現代基督教會的這種誤解，讓一些像已故的弗勞德先生[31]那樣誠實的人對現代基督教厭惡至極。弗勞德先生說：

31　弗勞德（James Anthony Fronde, 1818—1894），英國歷史學家和作家。

「在英格蘭我聽過上百次佈道，都是關於『信仰之神秘』、『聖職者的神聖使命』、『使徒的傳承』等，但是沒有一次佈道是關於『普遍的誠實』、『那些古老的戒律』，像是『你不可撒謊』、『你不可偷竊』的宣講。」雖然我對弗勞德先生滿懷尊敬，但當他在此說教會 —— 基督教會 —— 應該教導道德時，我認為他也犯了錯。毫無疑問，建立教會的目的是為了讓人有道德，為了讓人服從如「你不可撒謊」及「你不可偷竊」這樣的道德準則。但是說到功能，在世界上所有偉大宗教裏，教會的真正功能，不是教導道德，而是讓人擁有信仰。就像我曾向諸位所說的，信仰不是如「你不可撒謊」、「你不可偷竊」之類的刻板、乏味的教義，而是一種啟示，一種讓人們服從那些道德準則的強烈情感。因此，教會真正的功能不是教導道德，而是激發人的道德感，激發人們成為有道德的人；事實上，就是激發並且喚起人們遵守道德的強烈情感。換句話說，在世界上所有偉大的宗教裏，教會就是給人以啟示，並激發人的強烈情感，以使人們遵守道德準則的組織。但是，教會

是如何給人啟示，並激發人的這種強烈情感的呢？

眾所周知，世界上所有偉大宗教的創始人，不僅在其所教導的道德準則中注入一種啟示或者說一種極具感染力的情感，也激發了教徒對宗教創始人及其人格的無限崇敬、熱愛和狂熱之情。當偉大的宗教導師死後，教徒們為了延續對導師的無限敬仰、熱愛和狂熱的感情，便建立了教會。我們知道，那就是世界上所有教會的起源。這樣，教會通過延續、激發、鼓勵那種親傳門徒最初感受到的、對宗教導師和創始人的無限崇敬、熱愛和狂熱，讓他們感知啟示並激起人們的強烈情感，從而使人們遵守宗教的道德準則。人們理所當然地信仰神，也就是信仰宗教，並認為自己所信奉的是一種誠信，是一種依託。但是，到底是對誰的信任呢？是對宗教導師和創始人的信任，如伊斯蘭教裏的「先知」，基督教裏的「中保」[32]。如果你問一個勤勉虔誠的伊斯蘭教徒為甚麼他信仰神並且遵守道德準則，他會理直氣

32　指耶穌，《聖經‧新約》中稱他是上帝和人類之間的中保。

壯地回答你 —— 他這麼做是因為他信穆罕默德這個先知。如果你問一個勤勉虔誠的基督徒為甚麼他信仰神並且遵守道德準則，他會理直氣壯地告訴你，他這麼做是因為他愛耶穌基督。因此，諸位看到的對穆罕默德的信仰，對耶穌基督的愛，事實上就是教會要在人們心中極力保持、激發、鼓勵的，是那種對宗教導師和創始人無限敬仰、熱愛和狂熱的情感 —— 是宗教啟示的源泉，它是世界上所有偉大宗教真正讓人們、讓普通大眾遵守道德準則的力量。

我已經講了這麼多，不過現在我可以回答諸位此前問我的問題了。各位一定記得曾問過我，如果沒有宗教教導的對神的信仰，我們如何能讓人類、讓普通大眾，遵從孔子在其國家宗教裏教導的道德法則—絕對的忠君之責呢？我已經向諸位解釋過，並不是因為宗教教導的對神的信仰使人真正遵守道德準則。宗教能夠使人遵守道德準則，主要是通過一個被稱為教會的必要組織，給人以啟示並激發人們心中那種強烈的情感，從而使人們遵從那些道德準則。現在，對於諸位所提的問題，我要告訴諸位，

孔子的教義體系被稱為「儒家學說」，也就是中國的國家宗教，與其他西方國家的宗教類似，也要通過一個相當於教會的組織，讓人們遵守道德準則。在中國，在儒家學說的國家宗教裏，這種組織就是學校。在中國，學校就是孔子的國家宗教中的教會。諸位知道，在漢語裏宗教的「教」和教育的「教」是同一個字。事實上，因為學校在中國就相當於教會，宗教對中國人就意味着教育與文化。中國的學校的目標和宗旨，類似於教會宗教的目標和宗旨，是教人懂得弗勞德先生所說的那些古老的戒律，比如，「不可撒謊」以及「不可偷竊」。事實上，就是要教導人行善。而不像現代的歐美的教育，是教人如何謀生、賺錢。「不論我們準備說話還是準備行事約翰遜博士說，「也不論我們希望於人有益還是希望令人愉悅，首先，是要有正確的信仰與道德觀；其次，是熟悉人類歷史，了解那些體現了真理並被事實證明為合理的範例。」

但是，我們已經了解到教會通過給人以啟示，激發人們心中的強烈情感，從而讓人們遵守道德準

則，而它給人以啟示，激發人們心中的強烈情感，主要是通過激發和喚起人們對宗教導師和創始人個人及其人格的無限崇敬、熱愛和狂熱之情。那麼，中國的學校——孔子的國家宗教的教會——和其他西方宗教的教會之間有一個不同。中國的學校——孔子的國家宗教的教會，確實也像西方宗教的教會一樣，能通過喚醒和點燃人們的靈感或者強烈的情感，讓人們遵守道德準則。但是中國的學校用來給人以啟示，激發人們心中的強烈情感的方法，有別於西方宗教的教會所用的那些方法。中國的學校——即孔子的國家宗教的教會——不是通過激發和鼓勵對孔子個人的無限敬仰、熱愛和狂熱之情，啟發和喚醒人們內心的這種強烈情感的。孔子生前的確激發了無數親傳弟子對他的極大崇敬、熱愛和狂熱之情，而且，他死後，在所有研究並理解他的偉人中也激發了一種同樣的感情。但是孔子無論在生前還是死後，都未曾激發普通大眾的崇敬、熱愛和狂熱之情——那種世界上所有偉大宗教的創始人在普通大眾的內心激發出的情感。中國

的民眾，並不像伊斯蘭教國家的民眾熱愛和崇拜穆罕默德，或者像歐洲的民眾熱愛和崇拜耶穌基督那樣，熱愛和崇拜孔子。因此，孔子並不屬於被稱為宗教創始人的那一類人。成為歐洲詞語意義上的宗教創始人，這樣的一個人必須具有極罕見，甚至異常熱情的情感天性。孔子其實是有王室血統的，他是商朝王室的後裔，商朝統治中國的時間早於孔子生活的朝代，商朝人具有像希伯來人那樣熱情的情感天性。但是孔子生活的朝代是周朝，周朝人具有像希臘人那樣良好的理智天性，周公就是其中傑出的代表，就像我告訴過你們的那樣，周公創立了孔子之前的禮教，或者說舊體制宗教。如果我可以做個類比的話，孔子在血統上像希伯來人，具有希伯來人那種熱情的情感天性，他又在最好的理智文化中接受了教育，具有了希臘式文明中最好的理智修養。事實上，正如有一天歐洲人會承認偉大的歌德是最完美的人性典範，是歐洲文明哺育出的真正的歐洲人；中國人承認孔子是最完美的人性典範，是中華文明哺育出的真正的中國人。我認為，恰如偉

大的歌德一樣，孔子是學識淵博、有修養的人，不屬於被稱為宗教的創始人一類。的確，甚至在孔子還活着的時候，除了他最親近的弟子之外，他究竟是甚麼樣的人並未被世人了解。

我認為，中國的學校，即孔子的國家宗教的教會，不是通過激發和喚起對孔子的敬仰、熱愛和狂熱的情感，給人以啟示並激發人們那種強烈的情感，從而使他們遵守道德法則的。那麼，中國的學校又是如何給人以啟示或喚起人們那種強烈的情感，從而讓人們服從道德準則呢？孔子說：「在教育中，人的性情修養，開始於學詩，自立於學禮，完成於學樂。」[33] 中國的學校 —— 孔子的國家宗教的教會 —— 是通過教他們詩歌來給人以啟示或者喚起人們強烈的情感，使他們服從道德準則。事實上，如我告訴過你們的那樣，所有真正的文學巨匠的著作都包含宗教道德準則中的那種啟示或者說極具感染力的強烈情感。在談到荷馬和他的詩歌《荷馬史

33　孔子的原文是：「興於詩，立於禮，成於樂。」

詩》中的高尚情操時，馬修・阿諾德說道：「在《荷馬史詩》以及少數文學巨匠的作品中的高尚情操，能使平庸的普通人變得高尚文雅起來，能讓他改頭換面。」事實上，無論甚麼事情，只要是真實的，是正確的，就是純潔的，是可愛的，是值得稱頌的。任何具有美德，能獲得讚譽的事情，孔子的國家宗教的教會 —— 中國的學校，都會教導人們思考；並且藉此給人以啟示，激發人們強烈的情感，從而使他們服從道德準則。

諸位大概記得我說過，真正的文學巨匠的著作，比如《荷馬史詩》，很難被普通大眾所熟知，是因為所有文學巨匠用的都是受過教育的人的語言，普通大眾很難理解。既然如此，那麼孔子的這套學說，即儒家學說，中國的國家宗教，又是如何給中國普通民眾以啟示並激起他們心中的強烈的情感，進而使他們能夠遵守道德準則的呢？我來告訴諸位，在中國，在孔子的國家宗教中，與其他宗教的教會相對應的組織是學校，但這其實還不夠準確。在中國，在孔子的國家宗教裏，能夠確切地與其他

宗教的教會相對應的真正組織是家族。在中國，孔子國家宗教的真正的、真實的教會是家族，學校僅僅是家族的一個附屬物。中國的每一家都供奉着家族祖先的牌位，每一個村鎮都有家族祖先的宗廟或祠堂。我曾經向你們解釋過啟示之源，即世界上所有偉大宗教能夠讓人類、讓普通大眾遵守道德準則的真正動力，是教會激發和喚起人們心中對宗教導師和創始人的無限的崇敬、熱愛和狂熱的情感。然而，孔子的國家宗教的啟示之源，能夠讓中國的民眾遵守道德準則的真正動力，是「他們對其父母的愛」。其他國家的教會宗教，如基督教的教會，宣揚的是：「愛耶穌基督」，而在中國，孔子的國家宗教的教會，即家族，教導說「愛你的父母」。聖保羅說：「讓每一個喚基督之名的人都遠離不公正。」而漢朝《孝經》一書的作者，說的話幾乎與那位基督徒如出一轍，他說：「讓每一個愛父母的人遠離不公正。」簡而言之，基督教的本質、動力和真正的啟示之源是對基督的愛；而中國的國家宗教 —— 儒家學說，其本質、動力和真正的啟示之源是「孝

心」—— 對父母的愛，包括敬奉祖先。

孔子說：「要聚集在父輩們以前聚集的那個地方；要舉行他們以前舉行過的同一典禮；要演奏他們以前演奏過的同樣的音樂；要對他們驕傲的事情表示尊敬；要愛他們所愛的那些人；供奉已經去世的先人，如同他們仍然活着，雖然他們已經離世，卻好像仍然和我們在一起那樣，這就是最大的孝心。」[34] 孔子又說：「恭謹地對待去世的父母，追念久遠的祖先，百姓的道德就自然敦厚了。」[35] 儒家學說就是這樣給人以啟示並激發人們內心的強烈情感，使人們遵守道德準則的；其中最高尚、最重要的一條就是絕對的忠君之責，就像在世界上所有偉大宗教裏最高尚、最重要的道德準則就是敬畏神靈一樣。換句話說，基督教的教會宗教說：「敬畏上帝，並服從他。」而孔子的儒家學說教導說：「尊敬皇帝，並忠於他。」基督教的教會宗教說：「如果你願

34　孔子的原文為：「踐其位，行其禮，奏其樂，敬其所尊，愛其所親，事死如事生，事亡如事存，孝之至也。」

35　孔子的原文為：「慎終追遠，民德歸厚矣。」

意敬畏上帝並服從他，你首先必須愛基督。」孔子的儒家學說教導說：「如果你想尊崇並效忠於皇帝，你首先必須愛你的父母。」

現在，我已經給諸位解釋了為甚麼自孔子時代以來的兩千五百年間，在中華文明中沒有心靈和大腦的衝突。沒有這類衝突的原因是中國人，甚至中國的普通民眾，都沒有對宗教的情感需求 —— 我指的是歐洲字面意義上的宗教；而中國人沒有對宗教的情感需求，是因為儒家學說給了中國人某種能夠代替宗教的東西，那就是絕對的忠君之責，是孔子在他給中華民族創立的國家宗教裏教導的、被稱為「名分大義」的榮譽法典。我認為，孔子對中華民族最偉大的貢獻，是給中國人確立了國家信仰，這種教導中國人對君主絕對忠誠的國家信仰。

孔子及他為中華民族所作的貢獻，是我認為有必要說的。因為這與我現在討論的主題「中國人的精神」密切相關。因為我想告訴諸位，而且諸位也會理解，一個中國人，尤其是他如果受過教育，卻故意忘記、拋棄或丟掉了「榮譽法典」—— 孔子在

國家宗教裏教導的「名分大義」，背棄了他曾經宣誓對君主的絕對忠誠。這樣的中國人已經失去了中國人的精神，失去了他的民族精神，他不再是一個真正的中國人。

最後，請讓我簡略地概括一下我所討論的主題——「中國人的精神」，或者說甚麼是真正的中國人。真正的中國人，是既有成年人的理性，同時還具有孩童般純真心靈的人，而中國人的精神是靈魂和智慧的完美結合。如果縱觀中國的文學和藝術著作，看到中國人的精神成果，諸位會發現正是靈魂和智慧的完美結合使它們賞心悅目。馬修・阿諾德對荷馬詩歌的評價，用來評價所有中國典籍也是正確的，他說：「不但具有伏爾泰不能企及的觸動人心的力量，而且還具有伏爾泰所有令人欽佩的簡潔和理性的印記。」

馬修・阿諾德把希臘最傑出的那些詩人的詩歌稱為富於想像力的理性女祭司。中國人的精神，就像我們在中國那些最傑出的藝術和文學作品中看到的那樣，恰恰是馬修・阿諾德所說的富於想像力的

理性。馬修・阿諾德說：「後來的異教詩歌靠的是感覺和領悟，中世紀基督徒的詩歌靠的是心靈和想像。不過，現代精神生活的核心，或說現代歐洲精神的核心，既不是感覺和領悟，也不是心靈和想像，而是富於想像力的理性。」

如果馬修・阿諾德所說的關於歐洲人民的現代精神的核心的這番話是真的，如果當代的歐洲精神有賴於富有想像力的理性——而且必須如此的話，那時諸位就能明白，對於歐洲人民來說，這種中國人的精神，這種被馬修・阿諾德稱為富有想像力的理性的精神，是多麼有價值。它具有非凡的價值，而且它是多麼重要啊！諸位應該研究這種精神，試著理解它，熱愛它，而不是忽視、輕蔑並且試圖毀滅它。

但是現在，在我做最後總結之前，我想請諸位注意，當諸位思考我所解釋的這種中國人的精神時，諸位應當記住：它不是一種科學，不是哲學，

也不是布拉瓦茨基夫人 [36] 或貝贊特夫人 [37] 所主張的見神論或者任何「主義」。中國人的精神甚至不是人們所說的心理 —— 那種大腦和思維積極活動的產物。我想告訴諸位,中國人的精神,是一種精神的狀態,一種靈魂的傾向,各位不能像學習速記或者世界語一樣學會它。簡言之,中國人的精神,是一種心態,若用詩人的語言說,它是一種平靜而受到庇佑的心境。

那麼最後,請允許我為諸位朗讀最具中國氣質的英國詩人華茲華斯 [38] 的幾行詩,它勝過我已經說出的或能夠說出的任何言語,它會為諸位描述這種平靜而受到庇佑的心態,即中國人的精神。這幾行英文詩歌以我不可能運用的方法,在各位面前展示了中國式的人的靈魂和智慧的完美結合,展示了賦

36　布拉瓦茨基夫人(Madame Blavatsky, 1831—1891),俄國見神論的奠基人。

37　貝贊特夫人(Annie Besant, 1847—1933),英國作家、女權主義者、見神論的代表人物。

38　華茲華斯(William Wordsworth, 1770—1850),英國詩人。1843 年被封為桂冠詩人。

予真正的中國人平靜而受到庇佑的心態 —— 那種無以言表的溫馴。在《丁登寺》這首詩的字裏行間，華茲華斯寫道：

> 同樣，我相信
>
> 我可能已經擁有了另外一種天賦給予他們
>
> 看上去更崇高的天賦：受到庇佑的心態
>
> 在這種心態下，神秘的重荷，
>
> 沉重而令人厭煩的負擔，
>
> 所有這個無法了解的世界所給予的一切
>
> 得到了緩解；那種平靜而受到庇佑的心態，
>
> 它包含的友愛，輕輕地引導着我們 ——
>
> 直到，這肉體軀殼的呼吸，
>
> 甚至我們人類血液的流動
>
> 幾乎停滯，我們漸漸睡去，
>
> 變成了肉體中一個活的靈魂：
>
> 當我們的眼睛由諧和的力量，
>
> 以及喜悦的深刻力量而變得平靜，
>
> 我們認清了事物的生命。

平靜而受到庇佑的心態能夠讓我們認清事物的內在生命。這種心態就是充滿想像力的理性，也正是中國人的精神。

中國的婦女

英國國會下議院有人為了支持一項允許男人能夠與其亡妻的姐妹結婚的議案，引用了《聖經》裏的論辯，馬修・阿諾德在談到此事時，說：「當認真思考女人天性、理想的女性，以及我們和她們的關係受人質疑時，誰會相信印歐種族靈敏而聰慧的天才們，這個創造了繆斯女神、騎士精神、聖母瑪利亞的種族，卻發現這個問題的定論在閃米特人的制度中，而閃米特人最賢明的國王可以擁有七百個妻子和三百個妾。」

在此，從上述冗長的引文裏，我想借用的詞，其實就是「理想的女性」。那麼，中國人的理想女性是甚麼樣的呢？中國人與其理想女性的關係是怎樣的？不過在更進一步的探討之前，儘管我滿懷着對馬修・阿諾德，以及他的印歐種族的敬意，在此我要說，閃米特人心中的理想女性，這個古希伯來民族的理想女性，其實並不像馬修・阿諾德描述的那樣：閃米特人最賢明的國王妻妾成羣，讓人覺得他們的女性觀念那麼可怕。因為我們可以在他們的文學作品中找到古代希伯來人的理想女性是這樣的：

誰能找到一個賢惠的女人？

因為她的價值遠勝紅寶石。

她的丈夫真心地信任她。

天還沒亮她就起牀了，

給家人準備食物，

給未婚的女孩備嫁妝。

她手放在紡錘上，

手指握着拉線棒。

為了家人都穿上漂亮暖和的衣服，

她不懼冬雪。

她輕聲細語，溫柔和善。

她對家人照顧周全，從不遊蕩懶散。

她的孩子們長大成人並感恩於她，

她的丈夫也喜愛並日日讚美她。

我認為，閃米特人的理想女性並不可怕──這樣的理想女性並沒那麼糟糕。當然它不像聖母瑪利亞和繆斯女神這種印歐種族的理想女性那麼超凡脫俗。無論如何，我想大家都必須承認的是，聖母瑪

利亞和繆斯只適合當作畫像掛在人們的房間裏，但是如果你把掃帚放進繆斯女神的手中，或者打發你的聖母瑪利亞進廚房，你的房間一定會凌亂不堪，而早上你很可能根本不會有早餐吃。孔子說：「理想不會脫離人類生活的現狀。當人們把某種脫離了人類生活現狀的東西當作了理想，那就不是真正的理想了。」[1] 即使希伯來人的理想女性無法和聖母瑪利亞或者繆斯女神相比，但是我想，它可以和現代歐洲人的理想女性，和今日歐美的印歐種族的理想女性相比。我說的不包括英格蘭的婦女參政權論者。不過，可以把古代希伯來人的理想女性和歐洲現代小說中的理想女性作比較，例如小仲馬[2]的《茶花女》中的女主人公。順便提一下，可能諸位會有興趣了解，在所有被翻譯成中文的歐洲文學作品中，小仲馬的這部把「身陷泥潭的聖母瑪利亞」作為最理想的女性的小說，在當今時髦的現代中國人中是最暢

1　孔子的原文為：「道不遠人。人之為道而遠人，不可以為道。」
2　小仲馬（Alexandre Dumas fils, 1824—1895），法國劇作家、小說家。1848 年出版長篇小說《茶花女》。

銷和成功的作品。這本中文譯名為《茶花女》的法國小說，甚至已被改編成戲劇，在中國所有新潮的戲院中演出。現在，將閃米特人的古代的理想女性同當今歐洲印歐種族的理想女性相比：一個女人為了家人不懼冬雪，因為她想讓所有家人都穿上漂亮暖和的衣服。另一個女人，茶花女，沒有家人，因而不需操心家人穿衣，只需把自己打扮得光鮮亮麗，胸前佩戴着一朵茶花活躍於交際場合。對比後，你們就會理解甚麼是真實的文明，甚麼是虛偽的、華而不實的文明。

不僅如此，把古代希伯來人的理想女性，同現代新式的中國婦女相比：前者手不離紡錘，指不離拉線棒，周全地照顧家人，從不遊手好閒。後者手不離鋼琴，手指不離大捧的花束，穿着黃色緊身衣，頭上戴滿了俗麗的黃金飾品，在孔教會的大廳裏，在各色人等面前展現歌喉。如果把這兩種理想女性作比較，那諸位就會知道，當今之中國是多麼快速地在遠離真正的文明。因為在一個民族中，女性是文明之花，是那個民族的文明狀態的最佳體現。

不過現在，回到我們的問題上：中國人的理想女性是甚麼樣的？我的回答是，中國人的理想女性與古代希伯來人的理想女性本質上相同，但還有一個重要的區別，這一點我稍後會講到。中國人的理想女性與古代希伯來人的理想女性相同之處在於：中國人心目中的理想女性，既不是像畫像一樣掛在屋子裏僅供觀賞的女性，也不是讓一個男人傾其一生去撫愛和膜拜的女性。手裏拿着掃帚，並用它來清掃房間的女性，才是中國人心中的理想女性。事實上，漢字中表示妻子的「婦」字，是由兩部分構成的：「女」指的是女性，而「帚」指的是掃帚。在正統的漢語裏，即在我所說的正式的統一的漢語中，一個婦女被稱作食品貯藏間的保管人——廚房的女主人（主中饋）。確實，所有擁有真正而非華而不實的文明的民族，就像古代希伯來人、古希臘人和羅馬人的理想女性，本質上都與中國人的理想女性相同：真正的理想女性就是家庭主婦，管家務的女人。

　　那麼，讓我講得更詳細些。自古以來，中國人心中理想女性的標準，就一直被概括為「三從」和

「四德」。那麼，甚麼是「四德」呢？第一為「婦德」；第二為「婦言」；第三為「婦容」；第四為「婦工」。「婦德」指的不是婦女擁有非凡的才智，而是要謙遜、樂觀、貞節、整潔、不屈不撓、嚴謹、清白，具有無可指責的操行和完美的禮儀。「婦言」不是要求婦女有雄辯的口才或伶牙俐齒，而是說話時字斟句酌，不使用粗鄙、激烈的語言，知道甚麼時候開口，甚麼時候住嘴。「婦容」不是指婦女容顏美麗，而是指個人外表整潔，衣着打扮無可指責。最後，「婦工」不是指要有甚麼特殊的技巧和能力，只要求她們勤勉地專注於紡織，不把時間浪費於嬉笑之中，並且在廚房裏準備乾淨營養的食物，尤其是在家裏來了客人時。這些就是對女性操行的四條基本要求，記載於漢朝偉大的史學家班固之妹曹大家所寫的《女誡》中。

那麼，中國人心中的理想女性的「三從」又是指甚麼呢？它們真正的含意是三種自我犧牲，或「為三種人而活」。即，當一個女人在未婚時，她要為她的父親而活（在家從父）；成婚後，她要為她的丈

夫而活（出嫁從夫）；如果守寡，她要為她的孩子而活（夫死從子）。事實上，在中國，一個女子活着的主要意義，不是為她自己或者為社會而活；不是去當改革家或者去當婦女天足協會的會長；甚至不是要像一個聖徒那樣生活，或者做那些對世界有益的事。在中國，一個女子活着的主要意義就是要做一個好女兒、一個好妻子和一個好母親。

我的一位外國女性朋友有一次寫信問我：中國人是否真的像伊斯蘭教徒一樣認為女人沒有靈魂。我回信告訴她說，我們中國人並非認為婦女沒有靈魂，而是認為，一個真正的中國婦女是沒有自我的。現在，談到中國婦女的這種「沒有自我」，讓我不得不在一個非常難講的話題上說上幾句。這個話題不僅難講，而且，我擔心，對於那些接受過現代歐洲教育的人來說，這個話題幾乎是無法理解的，即中國的納妾。納妾這個話題不僅難講，而且如果公開討論它的話，甚至很危險。但是，就像一首英國詩歌所說：

這樣，傻瓜總是闖入天使卻步的地方。

在此，我會盡最大努力去解釋，為甚麼納妾在中國不像人們通常想像的那樣，是一個不道德的風俗。

關於這個納妾的話題，我首先想說的，正是中國婦女的那種無私，使納妾這件事在中國不僅成為可能，而且並非不道德。不過，在作更進一步的論述之前，我想告訴諸位，在中國，納妾並不意味着娶許多妻子。根據中國的法律，一個男人只能有一個妻子，但他想納多少侍女或妾就可以納多少。在日本，侍女或妾被稱作「手撫之處」或「眼觀之物」。這就是說，在丈夫疲倦的時候，侍妾是可以讓他的手和眼睛得到休息的對象。我說過，中國人心中的理想女性不是一個讓男人終其一生去撫愛和崇拜的女性。中國人心中的理想女性是，作為一個妻子，這個女子要絕對無私地為丈夫而活。因此，當丈夫病了或因過度操勞而身心疲憊，需要一個侍女或妾，一個手撫和觀賞的對象，使他能夠康復，使他

去應對生活和工作時，中國的妻子便以無私的胸懷給予他。就好像在歐美，當丈夫生了病或有需要的時候，一個好妻子給他拿一把扶手椅或遞一杯山羊奶一樣。事實上，在中國，正是妻子的那種無私，那種自我犧牲的責任感，允許中國的男人們擁有侍女或妾。

但是，有人會問我：「為甚麼只要求婦女無私和犧牲，男人們呢？」對此，我的回答是，在中國，一個男人，一個辛苦工作支撐家庭的丈夫，尤其是，他如果是一個君子，他就不僅必須對他的家庭盡責，還必須對他的君主和國家盡責，而且，在此過程中，他有時甚至要獻出生命。他不是也在做犧牲嗎？康熙皇帝臨終前在病榻上發佈遺詔，他說道：「我直到此刻才知道，在中國做一個帝王，是多麼大的犧牲啊。」可是，我在此順便說一下，濮蘭德先生和白克豪斯先生在他們最近出版的書中，將康熙

皇帝描繪成一個大塊頭、無用、令人討厭的楊百翰[3]式的人物，並認為他最終也像楊百翰一樣被眾多的妻子和孩子所葬送。當然，對於像濮蘭德和白克豪斯這樣的現代人來說，納妾如果不被視作可恥的、骯髒的、令人討厭的事，那倒是不可思議了。因為在這種人的病態想像中，除了可恥、骯髒、令人討厭的事物外，別無他物。當然這是題外話。現在，我想說的是，每個真正的中國人 —— 上自皇帝，下至黃包車苦力，以及每一個真正的中國婦女，過的都是一種自我犧牲的生活。在中國，一個婦女的犧牲是無私地為那個作為她丈夫的男人而活；而一個男人的犧牲是供養和保護他的妻子和他帶回家中的女人，也包括她們為他生的孩子的一切開銷。的確，對那些談及中國納妾不道德的人，我會說：對我而言，中國那些妻妾成羣的官吏，倒比歐洲那

3　楊百翰（Brigham Young，1801—1877）是美國摩門教領袖。為躲避宗教迫害，他率領摩門教徒長途跋涉來到鹽湖城並定居下來。摩門教實行過一夫多妻制，楊百翰就以娶了五十個老婆聞名於世。不過，在美國政府和世俗社會的壓力下，摩門教在 1890 年就廢除了一夫多妻制。

些坐在車裏的人要少一些自私和不道德。那些歐洲人在大街上勾搭一個無助的女子，在和她一夜風流之後，第二天早晨又將她重新丟棄在大街上。納妾的中國官吏可能是自私的，但他至少為他的妾提供了住所，並終身承擔了供養她們的責任。事實上，如果說中國官吏是自私的，我認為開着汽車的歐洲人不僅自私，而且懦弱。羅斯金[4]說過：「一個真正的戰士的榮譽，不是能去殺敵，而是願意並準備隨時去獻出生命。」同樣地，我認為，一個婦女的榮譽——一個真正的中國婦女的榮譽，就是不僅要愛慕並忠實於她的丈夫，而且要絕對無私地為她丈夫而活。事實上，這種「忘我的信仰」就是中國的婦女，尤其是賢婦或淑女的信仰，這正如我在別處解釋過的「忠誠信仰」，就是男人的信仰、中國的君子之道一樣。除非外國人理解了這兩種信仰——中國人的「忠誠的信仰」和「忘我的信仰」，否則他們絕

4　約翰·羅斯金（John Ruskin, 1819—1900），英國藝術評論家、散文家和社會學家。

不能夠理解真正的中國男人或真正的中國婦女。

　　然而人們又會問我：「那麼愛呢？一個真正愛着妻子的男人，能忍心在妻子身旁放着其他女人嗎？」對此，我的回答是：是的，為甚麼不能呢？因為一個丈夫真正愛他的妻子，並不意味着他應該終其一生拜倒在她的腳下奉承她。看一個男人是否真正地愛他的妻子，是看他是否能以合乎情理的方式處理事情，去保護她，不傷害她，也不傷害她的感情。那麼，帶一個陌生女人回家，必然會傷害妻子，傷害她的感情。但是，我認為，正是這種我所謂的「忘我信仰」保護妻子免受傷害。正是中國婦女這種絕對的無私，令她在看到自己的丈夫帶別的女人進家門時，有不感到受傷害的可能。換句話說，在中國，正是妻子的那種無私，使她能允許丈夫納妾，而且不傷害到自己。在此，我要指出一點，在中國，一個君子，一個真正的君子，沒有經過妻子的同意是決不會納妾的；而在中國，一個真正的賢婦或淑女，只要她的丈夫有納妾的正當理由，她是決不會反對的。我知道許多事例，因為沒有孩子，已過中

年的丈夫想納妾，但是因為妻子拒不同意而作罷。

我甚至還知道這樣一個事例：有一位丈夫，他的妻子身染重病，而他不想妻子做這種無私的犧牲。當妻子催促他納妾時，他拒絕了。而他的妻子沒讓他知道，未經他允許，不僅為他納了一個妾，並且實際上強迫他納妾進家。事實上，在中國，保護妻子，使其免遭妾的辱罵，便是丈夫對妻子的愛。所以，在中國，與其說丈夫因納妾而無法真正地愛他的妻子，不如說正是因為丈夫真心地愛他的妻子，他才有納妾的特權和自由，而不必擔心他濫用這種特權和自由。這種特權和自由 —— 當國家中的男人心中的榮譽感很低時，就像在目前這個無政府狀態的中國 —— 常常被濫用。但我依然認為，在中國，在丈夫被允許納妾的家庭，對妻子的保護是她丈夫對她的愛，而且，我必須在此補充一下，丈夫的這種愛體現了他的智慧 —— 一位真正的中國君子的完美修養。我想知道在一千個普通的歐洲人和美國人中，是否有一個人能在一個家裏擁有一個以上的女人，而不把家變成戰場或地獄的。簡而言之，正是這種

智慧——一位真正的中國君子的完美修養，使丈夫在得到和擁有一個侍女，一個手撫或觀賞對象時，他的妻子不會感覺受到了傷害。而概括起來，正是那種賢婦或淑女的絕對無私的「忘我信仰」和丈夫對其妻子的愛，以及他的智慧——一位中國君子完美的修養，使納妾在中國不僅成為可能，而且並非不道德。孔子說：「君子之道，始於丈夫和妻子之間的關係。」

現在，有些人可能仍然懷疑中國的丈夫們是否真正地深愛着他們的妻子，為了能使人信服，我可以從中國的歷史和文學作品中找出充分的證據。為此，我非常想在這裏引用和翻譯唐代詩人元稹為悼念亡妻而作的一首輓詩，但可惜的是，這首詩太長了，不適合引用在這篇已經顯得太長的文章裏。不管怎樣，若有人希望了解中國人，希望了解中國人的那種愛情有多深，即那種真正的愛情，而不是現代常被誤解為愛情的性愛，那他應該去讀一讀元稹的這首輓詩，這首輓詩在任何一本普通的唐詩集中都能找到。這首輓詩的題目是〈遣悲懷〉（意為「寫

下詩句以排解悲傷的心情」）。但是因為不能在此引用這首長詩，我就在此處援引一首四行短詩，此詩為另外一位當代詩人所寫，這位詩人曾經做過已故總督張之洞的幕僚。作為總督的隨員，詩人攜妻子一同到了武昌任職，在那裏待了許多年以後，他的妻子去世了。隨後，他非常悲傷，但也不得不立即離開武昌。在離開武昌時，他寫下了一首四行輓詩。原詩文如下：

此恨人人有，
百年能有幾？
痛哉長江水，
同渡不同歸。

這首詩譯成英語的話，意思是這樣的：

This grief is common to everyone,
One hundred years how many can
attain?

But 'tis heart breaking, o waters of the Yangtze,
Together we came, but together we return not.

詩中的感情是如此深摯，同丁尼生的詩相比，如果不會更為出色，至少也毫不遜色；而且所用字數更少，語言更簡潔。丁尼生的詩是這樣的：

撞啊、撞啊、撞啊，
撞擊在冰冷灰色的岩石上，哦，大海！
哦，雖然已不能觸摸你的纖手，
可是您的聲音卻依然在耳邊迴盪！

但是現在，中國的妻子對丈夫的愛又是怎樣的呢？我認為這一點不需要任何證據來證明。確實，在中國，按照規矩，新娘和新郎直到結婚那一天才能互相見面，然而，新娘和新郎之間仍然有愛，從唐代的一首四行詩中我們就可以看到這一點：

洞房昨夜停紅燭，

待曉堂前拜舅姑。

妝罷低聲問夫婿，

畫眉深淺入時無？

上面這首詩的英文意思差不多是這樣的：

In the bridal chamber last night stood
red candles,
Waiting for the morning to salute the
father and mother in the hall.
Toilet finished, in a low voice she asks
her sweetheart husband,
"Are the shades in my painted eyebrows
quite à la mode?"

不過，為了便於各位理解上述這些詩句，我必須告訴你們，在中國，婚姻是有講究的。在中國，在每一樁合法的婚姻中必須行「六禮」：第一，問

名，即正式提婚；第二，納彩，接受絲織的禮物，即訂立婚約；第三，定期，確定婚禮的日子；第四，迎親，即迎娶新娘；第五，奠雁，在大雁之前灑酒祭神，即盟誓婚姻（據說，這是因為大雁被公認是對配偶最忠貞的動物）；第六，廟見，在宗廟裏祭祀宣告的儀式。這六禮中的最後兩項最為重要，因此，我會更詳細地描述一下。

現在除了在我的家鄉福建省還保留着「迎親」這種古老的風俗之外，別的地區通常都省卻了，因為它使新娘的家庭不得不承擔很多費用，也太煩瑣。現在，新娘都是被送到新郎家去的，而不是被迎娶的。當新娘到達新郎家時，新郎在門口迎接，親自打開新娘花轎的門，把她領到家裏的堂屋中。然後，在那兒，新娘和新郎拜天地，也就是說，他們面朝堂屋的大門跪下，一張擺有兩根點燃的紅燭的供桌露天而設，然後新郎把酒灑在新娘帶來的一對大雁面前的地上（如果沒有大雁，也可以用普通的家鵝來代替）。這個儀式就被稱為「奠雁」，在大雁的面前奠酒；男女之間互相盟誓，他發誓對她忠誠，而

她也發誓對他忠誠，就像他們面前的那對大雁一樣忠誠於彼此。從這一刻起，可以說，他們就順理成章地變成了親密的夫妻了，但此時他們僅受道德律法的約束，即君子之法的約束。他們彼此已經互許了承諾，但還沒有受到世俗禮法的認可。因此，這個儀式可以被稱作道德的或宗教的婚禮。

此後就是新娘和新郎之間的交拜儀式了。站在堂屋右邊的新娘，首先在新郎面前跪拜行禮，同時新郎也向她跪拜行禮。然後他們交換位置，新郎站到新娘之前站的地方，向新娘跪拜行禮，新娘也像他一樣回禮。我想在此指出，這種交拜的儀式，毫無疑問地證明了在中國，在男人和女人之間，在丈夫和妻子之間，是完全存在平等的。

就像我前面說的，那種盟誓婚姻的儀式可以被稱為道德的或宗教的婚禮，以區別於三天之後舉行的世俗婚禮。道德的或宗教的婚禮，是男人和女人依道德律法，在神的面前結成夫妻。這種契約到目前為止只存在於這對男女之間。在中國，在社會和公民的一切生活中，家族取代了國家的位置，國家

只充當了一個上訴法庭的角色。而在這種被稱為道德的或者宗教的婚禮中，家族還沒有對男女之間的這種婚姻或者說契約進行認定。實際上，從婚禮第一天開始，一直到第三天世俗婚禮進行的這段時間，新娘不僅不被介紹給新郎的家人，而且不被允許和新郎的家人見面。

因此，在中國，新娘和新郎像親密的夫妻一樣生活兩天兩夜，但他們還不算合法夫妻。在第三天，中國婚禮中的最後一個儀式到來了——廟見，就是在祭祀的廟殿裏宣告的儀式，或者說世俗婚禮。我認為，在第三天舉行這個典禮是因為這合乎《禮記》中三日廟見的禮儀。不過現在為了節省費用和減少麻煩，通常都在第二天舉行。如果家族的祖廟在附近，這個祭告廟殿的儀式自然就在祖廟進行。但是對於那些生活在城鎮和城市裏、附近沒有祖廟的人來說，這個儀式就在小型的祠堂裏進行。在中國，每一個有名望的家族，甚至是最貧窮的人家都有這樣的祖廟或祠堂。這種帶有一個牌位，或牆上貼着紅紙的祖廟、祭堂或祠堂，就像我在別處說過的那

樣，在中國，它們是孔子的國家宗教的教堂，相當於基督教國家中的教堂。

廟見這個儀式由新郎的父親主持，如果父親已逝，就由家族中最親近的年長成員代為主持。主持者跪在祖先的牌位前，對祖宗的亡靈宣告：家族中的一位年輕成員現在已經迎娶了妻子進門。然後，新郎、新娘相繼跪在同一祖先的靈位前。從這一刻起，這個男人和這個女人結成了夫妻，不僅是在道德律或神的面前，而且是在家庭面前，在國家面前，在世俗禮法面前。因此，我稱中國人婚禮中的這種廟見的禮儀為「公民的或世俗的婚禮」。在這種公民的或世俗婚禮之前，根據《禮記》的規定，這個新娘還不是一個合法的妻子（不廟見不成婦）。如果新娘碰巧在行廟見之禮前死了，據《禮記》的規定，她不許葬在她丈夫的家族墓地裏，紀念她的靈位也不能放在丈夫家族的祖廟裏。

這樣，我們看到，在中國，在一樁合法的公民婚姻中，婚約並非僅僅是女人和男人之間的盟約，婚約是那個女人同她丈夫的家族之間的盟約。她不

是和他結婚，而是嫁入了她丈夫的家族。在中國，一位女子的名片上，不會寫着諸如「辜鴻銘夫人」的字樣，而是刻板地寫成「歸晉安馮氏斂衽」。在中國，夫妻雙方都不能不經丈夫家族的同意而解除婚約。我想在此指出的是，這一點正是中國的婚姻和歐美婚姻之間的根本不同。歐美的婚姻，是我們中國人所謂的一種愛人婚姻，是僅僅受到作為個體的男人和作為個體的女人之間愛情約束的一種婚姻。而在中國，正如我說過的，婚姻是一種世俗婚姻，不是一個男人與一個女人之間的契約，而是一個女人同她丈夫的家族之間的契約。在這一契約中，她不僅要對丈夫承擔義務，還對他的家族負有責任，通過家庭，對社會盡責 —— 對社會秩序或公民秩序盡責。事實上，就是對國家盡責。因此，請允許我說，只有歐美人理解了真正的公民生活的含義，真正明白如何做一名真正的公民，即理解每一個公民不是只為他自己而活，而是首先為他的家庭而活，並且通過這種方式維繫國家或社會秩序，否則絕不可能形成一個真正意義上的平穩的社會或者國家。

就像我們在現代歐美國家所見的那樣，那裏的男女對公民生活並沒有一個真正的概念，這樣一個擁有全套的議會和政府機構的國家，你也可以把它稱為「一個巨大的商行」，或者就像現實情況一樣，在戰爭期間，就是一羣土匪和強盜團夥，而不是一個國家。在此，如果你們允許，我可以進一步說，這種把國家當作一個大商行，只考慮這個大商行中最大的股東們自私的利益的錯誤觀念，這種帶着土匪幫派氣的錯誤觀念，實際上，是目前歐洲正在進行的這場可怕戰爭的根源。簡而言之，如果沒有一種對公民生活的真正理解，就不可能有一個真正的國家，而沒有真正的國家，又如何能夠有文明存在？對我們中國人來說，一個沒有結婚、沒有家庭可捍衛的男人，就不能成為一名愛國者，而即使他稱自己為愛國者，我們中國人也稱其為強盜愛國者。事實上，要具有真正的國家或公民秩序的觀念，首先就必須具有真正的家庭觀念，而要具有真正的家庭、家庭生活的觀念，則必須首先有真正的婚姻觀念 —— 結婚不是一種愛人間的婚姻，而是我以上描

述的世俗婚姻。

不過，還是言歸正傳。現在各位能夠在腦中勾劃出這樣的場景：可愛的妻子是如何等待天明時去拜見公婆。她梳妝完畢後，對她親愛的丈夫輕聲細語地詢問，她的眉毛是否畫得大方入時。我想，你們從中能夠看到在中國的丈夫和妻子之間是有愛情的，儘管他們在婚前並沒有見過面，即便那樣，在婚禮的第三天他們也產生了愛情。不過，如果你認為上述的愛不夠深摯，那麼，再來看看一個妻子寫給她未歸的丈夫的這兩行詩：

> 當君懷歸日，
> 是妾斷腸時。

> 夫君啊，當你在邊境想家的日子，
> 正是我在家想你、肝腸寸斷的時候。

在莎士比亞的《皆大歡喜》一書裏，羅莎琳對她的表妹西莉婭說：「哦，表妹，表妹，我漂亮的小

表妹，你最了解我愛得有多深！但我卻不能宣告：我的愛沒有盡頭，恰似葡萄牙海灣一樣深不見底。」在中國，一個女人作為妻子對丈夫的愛和一個男人作為丈夫對妻子的愛，可以說就像羅莎琳的愛一樣深不可測，而又無法宣告，它就像葡萄牙海灣一樣深不見底。

不過現在，我要談談中國人的理想女性和古代希伯來人的理想女性之間的差異。在《所羅門之歌》中，希伯來的男子這樣表達他對情人的愛：「哦，我的愛，你像得撒[5]一樣美麗，像耶路撒冷一樣標緻，像旌旗飛揚的軍隊一樣可怕！」即使在今天，看見了有着美麗的黑眼睛的猶太女人的人都會承認，古代希伯來男人在此給出的對他們種族的理想女性的描述是真實而形象的。但是，在中國人的理想女性中，我想在此說明，關於中國人的理想女性，無論

5　所羅門王去世後，耶羅波安是以色列北方部族的第一任王，他將國都由示劍遷至河東的比努伊勒，以後又遷至得撒（Tirzah）。得撒在示劍北面，是一座美麗的城市，作為此國相期的首都，一直到暗利為王時，才正式建都撒瑪利亞。

在肉體上，還是在精神上都不存在可怕之處。就連中國歷史上的海倫──那個「一顧傾人城，再顧傾人國」的美女，她的可怕，也只不過是一種比喻。在〈中國人的精神〉一文中，我說過有一個英文單詞可以形容「中國式的人」給人的印象，這個詞就是"gentle"（溫馴）。如果這個詞用來形容真正的中國人是恰當的，那麼，用來形容真正的中國婦女，就更恰當了。事實上，真正的中國人的這種「溫馴」，在中國婦女的身上變成了可人的溫柔。中國婦女的那種溫馴，就如同彌爾頓的《失樂園》中夏娃的那種溫馴，她對她丈夫說：

> 神是你的法律，而你是我的法律；
> 無須知道得更多，這便是女人最幸福的學問和榮耀。

確實，中國的理想女性的這種完美的溫柔品質，你從其他任何民族──任何文明，包括希伯來、希臘或者羅馬──的理想女性都無法找到。中

國的理想女性中這一完美的、非凡的溫柔，只能在一種文明裏找到，這就是文藝復興臻於完美時期的歐洲基督教文明。如果你們讀過薄伽丘[6]的《十日談》中格雷塞爾達[7]動人的故事，看到其中展現出的真正基督教的理想女性，然後你就會理解，這種完美的服從，這種非凡的溫柔，這種達到絕對無私程度的溫柔，在中國，理想女性意味着甚麼。簡而言之，在這種非凡的溫柔品質中，那種真正的基督教的理想女性類似於中國的理想女性，只是有少許不同。假如你把基督教中的聖母瑪利亞和 —— 不是和中國的觀音菩薩 —— 而是和中國著名的藝術家畫的仙女和女鬼畫像仔細對比，你就能看到這種不同 —— 基督教理想女性和中國的理想女性的不同。基督教的聖母瑪利亞溫柔，而中國的理想女性也如此；基督教的聖母瑪利亞脫俗，而中國的理想女性亦然。但是，中國的理想女性不僅如此，中國的理想女性還

6　薄伽丘（Giovanni Boccaccio, 1313—1375），意大利作家，人文主義的重要代表。代表作為《十日談》。

7　格雷塞爾達（Griselda），女子名，為「順從而有耐心的女子」之意。

136

是 "debonair"（溫文爾雅的）。要想理解這個詞表達的這種魅力和優雅，諸位將不得不回到古希臘去，回到塞薩利[8]的田野和斯佩希卓克的溪水旁，去拉哥尼亞少女們載歌載舞的山麓 —— 泰奇塔的羣山上。如下面這句：

> 哦，我願去斯佩希卓克河流的原野和泰奇塔山麓，
> 那拉哥尼亞少女們跳着酒神舞的地方！

的確，我在此想説，即使在現在的中國，自宋朝（公元 960 年建立）以來，當這些可以被稱作儒家清教徒主義者的宋代哲學家，把儒教變得狹隘而僵化，在某種程度上，使儒家學説的精神 —— 中華文明的精神 —— 庸俗化了。從那時起，中國的女性失去了許多 "debonair" 一詞所表達的優雅與魅力。因此，如果諸位想看到那種真正的中國的理想女性身

8　塞薩利（Thessaly）是希臘東部的一個地區。

上的優雅與魅力，那麼各位只能去日本了，至少那裏的女性，甚至直到今天，仍然保持着中國唐朝時的那種純粹的婉婉有儀。正是 "debonair" 一詞所表達的這種優雅與魅力，以及中國理想女性非凡的溫柔，賦予了日本女人以「華貴」的氣質，甚至當今最貧困的日本婦女也是如此。

關於 "debonair" 一詞所表達的這種魅力和優雅，請允許我在此引用馬修・阿諾德的幾句話，他把粗糙的英國新教徒的理想女性，和精緻的法國天主教徒的理想女性對比。在比較了法國詩人莫里斯・德蓋琳心愛的妹妹歐根妮・德蓋琳，和一個寫詩的英國女子艾瑪・泰瑟姆小姐之後，馬修・阿諾德說：「這位法國女子是郎格多克[9]的一名天主教徒；這位英國女子是馬蓋特的一名新教徒，代表着馬蓋特新教徒那冷硬的氣質 —— 無聊乏味、難以接近，不過，我得補充一句，也代表了強健。在這兩種生活外在的形態和方式之間，一種是郎格多克聖誕節

9　郎格多克（Languedoc）是古時法國南部的一省。

上天主教徒歐根妮‧德蓋琳的禮儀，她在復活節時到長滿苔蘚的教堂去做禮拜，她每天誦讀聖徒的故事。另一種，則是泰瑟姆小姐的新教教義那種簡單的、空洞的和狹隘的英國禮儀，她『在馬蓋特的霍利廣場與教會團體裏的禮拜者們在一起』，她用柔和、甜美的聲音唱出那鼓舞人的詩句：

> 我主耶穌知道，並且感到他的血液在流動，
> 這就是生命的永恆，這就是人間的天堂！

她師從主日學校的年輕女教師，以及那位『值得尊敬的唱詩班領導者托馬斯‧羅先生』——他們的差異是多麼大呀。這兩個生命的本質相似，但外在表現又是多麼不同！有人說這種不同，是無關本質的，也是無關緊要的。無關本質的——不錯；無關緊要的——那就不對了。優雅和魅力的明顯缺乏——在英國新教的宗教生活模式中，這不是一件無關緊要的事情，它是一種真正的弱點。這件事你們本應完成，而不是把未完成的事留給他人。」

最後，我希望在此為各位指出，在中國人的理想女性身上最重要的品質——那種卓越地區別於古今的所有其他民族和國家的理想女性的品質。在中國婦女身上這種品質是真實的，是每一個文明的民族和國家的理想女性所共有的，但是這種品質，我想在此強調，它在中國的理想女性身上發展到了這樣完美的程度，在世界上是絕無僅有的。我所講的這一品質，用兩個漢字來形容，就是「幽嫻」，在前文中，我在前面對曹女士所著的《女誡》中的引文中，我把它翻譯為 "modesty and cheerfulness"（謙遜和樂觀）。中國的「幽」字，字面意思是幽靜的、隱蔽的、神秘的，而「嫻」的字面意思指「安逸或悠閒」。對於中國的「幽」字，英語 "modesty"（謙遜）、"bashfulness"（害羞）只能給人一個大致的概念，德語 "Sittsamkeit"（羞怯）與它更接近。但是，也許在所有語言中，法語 "pudeur"（靦腆、羞澀）是最接近的。這種靦腆，這種害羞，漢字「幽」所表達的這種品質，它是一切女性品質之根本。一個女人這種靦腆和羞澀的品質越突出，她就越具有女性氣質——

女人特質，實際上，她離一個完美的或者理想的女人的目標也就越近。相反，當一個女人喪失了漢字「幽」所表達的這種品質，失去了這種害羞、這種靦腆，她隨即一併喪失了女性氣質、她的女人特質，以及她的香馥和芬芳，而變成了一具行屍走肉。因此，正是這種靦腆，這種在中國漢字「幽」所表達的中國理想女性的品質，使或應當使每一名真正的中國婦女本能地感到並明白：自己在公共場合拋頭露面是不對的。在中國人的觀念中，當着眾人登台獻唱，即使在孔教會的大廳裏獻唱，也是不妥當的。總之，正是這種幽嫻，這種幽靜之愛，這種對「成為眾人矚目的焦點」的反感，這種在中國理想女性身上的靦腆羞澀，賦予了真正的中國婦女一種世界上其他民族的婦女所沒有的芬芳，一種比紫羅蘭的香味、比蘭花的香氣更甜美的無法言狀的芬芳。

兩年前我為《北京每日新聞》翻譯了《詩經》，我認為《詩經》中的第一篇是全世界最古老的情歌。在這首詩歌中，中國人的理想女性是這樣被描述的：

關關雎鳩，

在河之洲。

窈窕淑女，

君子好逑。

「窈窕」一詞與「幽嫻」有同樣的含義。從字面上講「窈」即「隱蔽的、溫順的、害羞」的意思；而「窕」字意為「有魅力的、溫文爾雅的」，「淑女」兩字則表示一個純潔或貞潔的女子。這樣，在這首中國最古老的情歌中，你會發現中國理想女性的三個基本品質：靦腆羞怯，以及 "debonair" 一詞所表達的那種難以言說的「優雅嫵媚」和「純淨貞潔」。簡而言之，真正或真實的中國婦女是貞潔的，她是害羞靦腆的，她是有魅力且溫文爾雅的。這就是中國的理想女性 —— 中國婦女。

儒家的《中庸》，我曾譯作 *The Conduct of Life*，這本書的第一部分包含了在人生操守方面儒教的實用教義，最後以如下的對幸福家庭的描述作為結尾：

妻子好合，

如鼓瑟琴。

兄弟既翕，

和樂且耽。

宜爾室家，

樂爾妻孥。

　　這種中國的家庭簡直就是天堂的縮影；而作為一個擁有此種公民秩序的國家，中國，是真正的天堂，天國賜福於這片土地，賜福於中華民族。因此，中國那些具有榮譽感、恪守「忠誠信仰」的君子，是中國的護衛者，其職責在於維護公民秩序；而中國的女人，中國的淑女或賢婦，以其溫文爾雅的優雅嫵媚，以其純潔嫻靜，最重要的是以那種無私的「忘我信仰」，成為中國的「家」，這一微型的人間天堂的守護天使。

中國的語言

所有嘗試學習漢語的外國人都說漢語是一種非常難的語言。但是漢語真的很難嗎？在回答這個問題之前，讓我們先了解一下「漢語」的含義。每一個人都知道，在中國有兩套語言，我指的不是方言，而是口語和書面語。好，順便問一句，有人知道中國人堅持把漢語的口語與書面語區分開的原因嗎？在此，我要來解釋一下。在中國，就像在歐洲曾經出現過的這樣一種狀況，當拉丁文是學術或者書面用語時，人們也相應地被分成截然不同的兩種社會階層：受過教育的階層和沒有受過教育的階層。通俗的口語是沒有受過教育的人使用的語言，而書面語是那些真正受過教育的人使用的語言。這樣一來，半受教育的人在這個國家是不存在的。我想，這就是為甚麼中國堅持使用兩套語言的原因。現在，讓我們思考一下，在一個國家中有一羣半受教育的人的後果。看看今日的歐洲和美國。在歐洲和美國，自從拉丁文被廢止，在口語與書面語的明顯界限消失之後，就興起了一個半受教育的人民的社會階層，他們被允許和那些真正受過教育，談論着

文明、自由、中立、軍國主義和泛斯拉夫主義的人一樣，説着同樣的詞語，儘管他們對這些詞語的真正含義連最起碼的理解都沒有。人們説普魯士軍國主義是對文明的威脅。但是在我看來，那些半受教育的人，當今世上那些半受教育的暴民，才是文明真正的威脅。但這已是題外話了。

現在，回到正題：漢語是一種非常難的語言嗎？我的回答是：既是，又不是。讓我們首先以漢語的口語為例。我認為漢語的口語不僅不難，而且和我所熟悉的其他五六種語言相比 —— 除了馬來語 —— 是世界上最容易的語言了。漢語口語容易學是因為它是一種極其簡單的語言。這種語言的語法沒有格，沒有時態，沒有規則和不規則動詞的變化；實際上，漢語是一種沒有語法，或者説沒有甚麼規則的語言。但是人們對我説，漢語的難學恰恰是因為它簡單，恰恰是因為它沒有規則或語法。不過，那種説法是不對的。馬來語與漢語一樣，也是一種沒有語法或規則的簡單語言，然而學習馬來語的歐洲人卻不覺得它難學。因此，在本質上，至少就口語而言，漢語是

不難的。但是，對於在中國那些受過教育的歐洲人，尤其是半受教育的歐洲人來說，他們恰恰覺得漢語的口語是一種非常難的語言。那麼，這是為甚麼呢？這是因為漢語的口語，就像我說的，是沒有受過教育的人的語言，是完全沒有受過教育的人的語言；本質上，是一種孩童的語言。那麼，有一個例子能證明這一點。我們都知道，歐洲的孩童是多麼輕易地便學會了漢語的口語，而與此同時，歐洲那些有學問的語言學家和漢學家卻堅持說漢語異常難學。我再說一遍，漢語的口語，只是一種孩童的語言。因此，對那些嘗試學習漢語的外國朋友，我的第一個建議是「必須先使你自己變得像個孩子一樣，那麼你不僅能進入天國，也能夠學會中文」。

下面，說說漢語的書面語，也就是文言。但是在這裏，在我更進一步論述之前，我要說，漢語的書面語也分為不同的種類。傳教士們將中文書面語分為兩類：「易文理」和「難文理」。不過，我認為，那並不是一種令人滿意的分法。漢語書面語的恰當分法應該是簡明的平民書面語、通用的官方書面

語、華美的宮廷書面語三類。如果你喜歡用拉丁文的命名方式，可以稱它們為通俗漢語、初級古典漢語和高級古典漢語。

現在，許多外國人自稱或者被人稱為漢語學者。大約三十年前，我在《字林西報》上發表了一篇關於「中國學」的文章 —— 啊！我那些在老上海的歲月，時間飛快地流逝，人們也隨之發生了變化！（Tempora mutantur, nos et mutamur in illis）—— 我在文中寫道：「那些在中國的歐洲人，在他們出版了一些某個省的方言對話，或收集了一百條中文諺語之後，就可以立即得到漢語學者的稱號。當然，」我說，「光是一個名稱也沒有甚麼大不了，根據治外法權的條款，即便一個英國人在中國可以自稱孔子也不會受到懲罰，只要他高興。」其實，我在這裏想說的是，在那些自稱漢語學者的外國人中，有多少人了解在中國文學的高級古典漢語中，在那種華美的宮廷漢語中，蘊藏着的文明財富？我認為這是一種文明財富，是因為我相信，正如馬修・阿諾德對荷馬詩歌的評價一樣，這種中國文學中的高級古

典漢語具有某種能夠「使野蠻人變得文雅高尚，具有使其改變」的功能。事實上，我相信這種中國文學中的古典漢語，有一天能夠改變那些現在正在歐洲戰鬥的野蠻人（他們被當作愛國者，但實際上是天性好鬥的野獸），將他們變成愛好和平、溫和的文明人。正如羅斯金所言，文明的目標是使人類轉變為文明人，使人類脫離野蠻、暴力、殘忍和爭鬥。

言歸正傳，漢語的書面語是一種很難的語言嗎？我的答案還是：既是，又不是。我認為，漢語的書面語，即便是我說的那種華美的宮廷語言，即高級古典漢語，也並不難，因為，它與漢語的口語一樣，是極其簡單的。請允許我以一首普通的作品為例，向諸位展示漢語的書面語（包括華美的宮廷語言），是極其簡單的。我所舉的例子是唐朝詩人的一首四行詩，這首詩描述了為保護中華文明免遭北方野蠻而兇猛的匈奴的侵犯，中華民族作出了怎樣的犧牲。這首詩的原文如下：

誓掃匈奴不顧身，

五千貂錦喪胡塵。

可憐無定河邊骨，

猶是春閨夢裏人。[1]

這首詩直譯為英文，就是：

Swear sweep the Huns not care self,

Five thousand embroidery sable perish
desert dust;

Alas! Wuting riverside bones,

Still are Spring chambers dream inside
men!

這首詩自由一點的英文版本，可以像這樣：

They vowed to sweep the heathen
hordes

---

[1] 這首詩是唐代詩人陳陶所作的〈隴西行〉。

From off their native soil or die.

Five thousand tasseled knights, sable-
clad,

All dead now on the desert lie.

Alas! the white bones that bleach cold

Far off along the Wuting stream,

Still come and go as living men

Home somewhere in the loved one's
dream.

　　現在，如果你把中文原詩和我彆腳、拙劣的英語譯文做比較，你會看到中文原詩在用詞和文體上是多麼簡潔，它所表達的意圖又是多麼明白。儘管在用詞、文體和表意上這首詩是那麼簡潔明瞭，而它的思想又是那麼深刻，它的感情又是那麼深沉。

　　要想理解這種中國文學，這種將深摯的思想和深沉的感情融入淺顯的語言中的文學，你得去讀一讀希伯來人的《聖經》。希伯來人的《聖經》是世界上所有文學作品中最深奧的著作之一，然而它的語

言是多麼樸素而簡單。以《聖經》中的一段為例：「這個忠實的城市如今變成了一個人盡可夫的女人！那些身居高位的男人都淪為不忠的叛徒、盜賊的同夥；每個人都喜愛餽贈，追求報酬；他們既不為失怙的孩子主持公道，也不讓寡婦的訴訟案呈於他們面前。」或者以出自先知之口的另外一段話為例：「我要讓孩童去做管理他們的高官，讓嬰兒去統治他們，而人們將受到欺壓。孩子傲慢地對待老人，而鄙賤之人驕狂地對待尊貴之人。」這是怎樣的一幅圖畫啊！對於國家或民族來說，這樣的圖景是多麼可怕。在此之前你看過這樣的圖景嗎？事實上，如果你想擁有一種改變人類、使人類開化的文學，你必須去讀希伯來人、希臘人或者中國人的文學作品。但是現在，希伯來語和希臘語已經成為被廢棄的語言，而漢語仍是一種還在被使用的語言——是如今四萬萬人仍然使用的語言。

那麼現在，概括一下我對於中國的語言的看法。漢語的口語與書面語一樣，在某種意義上，是一種非常難的語言。它之所以難學，不是因為它的

複雜。許多歐洲語言，像拉丁語和法語都是難學的，確實是因為它們複雜，有許多規則。漢語之難學不是因為它複雜，而是因為它的深奧。漢語之難學，是由於它是一種用簡單的語句來表達深刻的感情的語言。這就是中國的語言難學之處。事實上，如我在別處說過的，漢語是一種心靈的語言，一種詩的語言。這就是為甚麼一封用中國文言寫成的簡單的散文體書信，讀起來都像一首詩的原因。要理解漢語的書面語，特別是我所說的華美的宮廷式書面語，你必須讓你的全部天性 —— 你的內心和頭腦、精神和智力 —— 得到同等的發展。

正是由於這個原因，對於受過現代歐洲教育的人們來說，漢語是特別難學的，因為現代的歐洲教育，主要只發展人的天性的一部分 —— 智力。換句話說，漢語對於受過現代歐洲教育的人來說難學，是因為漢語是一門深奧的語言，而現代歐洲教育更多是針對「量」而非「質」的教育，這樣的教育容易使人變得淺薄。最終，正如我說過的那樣，對那些半受教育的人而言，即使是漢語的口語也是難的。

對於半受教育的人而言，要想讓他們理解高級古典漢語，或許可以用形容富人的那句話來描述他們的情況：比讓駱駝穿過針眼還難。而正是因為這個原因，漢語的書面語成了一種只供真正受教育的人們使用的語言。簡言之，漢語的書面語 —— 古漢語 —— 難學，因為它是真正受過教育的人使用的語言，而真正的教育本身就是一件極難的事情。不過，正如希臘諺語所說：「所有美好的事物，都是難的。」

然而，在我下結論之前，讓我在這兒再舉一個漢語書面語的範例，來解釋我所指的樸素而深摯的感情，即使是在初級古典漢語裏，即用統一通用的漢語所寫的文學作品中，也可以找到。這是一個現代詩人寫於除夕之夜的一首四行詩。原文如下：

示內
莫道家貧卒歲難，
北風曾過幾番寒。
明年桃柳堂前樹，
還汝春光滿眼看。

這首詩逐字直譯成英文，就是：

Don't say home poor pass year hard,
North wind has blown many times cold;
Next year peach willow hall front trees,
Payback you spring light full eyes see.

更自由地翻譯，可以像這樣：

To My Wife

Fret not,—though poor we yet can pass
the year;
Let the north wind blow ne'er so chill
and drear,
Next year when peach and willow are
in bloom,
You'll yet see Spring and sunlight in
our home.

這裏還有另外一個更久之前、篇幅也更長的詩。它是中國唐代詩人杜甫的一首詩，杜甫堪稱中國的華茲華斯。在此我先給出我的英文翻譯如下：

Meeting With An Old Friend

In life, friends seldom are brought near;
Like stars, each one shines in its sphere.
Tonight, —oh! what a happy night!
We sit beneath the same lamplight.
Our youth and strength last but a day.
You and I—ah! our hairs are grey.
Friends! Half are in a better land,
With tears we grasp each other's hand.
Twenty more years, —short, after all,
I once again ascend your hall.
When we met, you had not a wife;

Now you have children, —such is life!

Beaming, they greet their father's
chum;

They ask me from where I have come.

Before our say, we each have said,

The table is already laid.

Fresh salads from the garden near,

Rice mixed with millet, —frugal cheer.

When shall we meet? 'tis is hard to
know.

And so let the wine freely flow.

This wine, I know, will do no harm.

My old friend's welcome is so warm.

Tomorrow I go, —to be whirled.

Again into the wide, wide world.

　　以上是我翻譯的版本，我必須承認，它幾乎就
是一首打油詩，只給出了漢語原詩的大意。但是，
這首詩的原文卻並非打油詩，而是真正的詩歌 ——

接近於白話的簡潔，卻帶着一種優雅、高貴及哀婉的詩歌，而這種高貴是我無法再現的，而且也許是不可能用英語這樣簡單的語言來再現的。

贈衛八處士

人生不相見，動如參與商。

今夕復何夕，共此燈燭光。

少壯能幾時，鬢髮各已蒼！

訪舊半為鬼，驚呼熱中腸。

焉知二十載，重上君子堂。

昔別君未婚，兒女忽成行。

怡然敬父執，問我來何方？

問答未及已，兒女羅酒漿。

夜雨剪春韭，新炊間黃粱。

主稱會面難，一舉累十觴。

十觴亦不醉，感子故意長。

明日隔山岳，世事兩茫茫。

約翰・史密斯
在中國

庸人不僅忽視所有自身之外的生活條件，而且他還要求其他人步其後塵，改變原有的生活方式。[1]

—— 歌德

斯特德先生曾經問：「瑪麗・科雷利[2]走紅的秘密是甚麼呢？」他得出的答案是：「有甚麼樣的作家，就有甚麼樣的讀者（物以類聚）。因為那些閱讀她小說的約翰・史密斯[3]，生活在瑪麗・科雷利為他們創造的世界中，認為她是他們生活、活動和存在的世界的最權威的詮釋者。」瑪麗・科雷利對於英國的約翰・史密斯們而言，就如同亞瑟・史密斯牧師之於中國的約翰・史密斯們。

真正受過教育的人和半受教育的人的區別正在

---

1 原註： "Der Philister negiert nicht nur andere Zustande als der seininge ist, er will auch dass alle ubrigen Menschen auf seine Weise existieren sollen." —— Goethe

2 瑪麗・科雷利（Marie Corelli, 1855—1924），英國著名女作家。

3 約翰・史密斯，這裏特指自認為比中國人優越，想要以盎格魯—撒克遜觀念開化中國人的英國人。

於此。真正受過教育的人想讀那些能告訴他關於事物的真理的書，而半受教育的人寧願讀那些能滿足他對事物的想法的書，他內心的虛榮感促使他希望事物理該如此。在中國的約翰・史密斯們非常想成為優於中國人的人，而尊敬的亞瑟・史密斯牧師就寫了這麼一本書，證明那些在中國的約翰・史密斯，是比中國人更高等的人。因此，尊敬的亞瑟・史密斯牧師是那些在中國的約翰・史密斯的至愛，而亞瑟・史密斯牧師寫的《中國人的性格》一書，就成了約翰・史密斯們的聖經。

不過，斯特德先生說：「現在正是約翰・史密斯以及他的鄰居們統治着大英帝國。」因此，我近來專門去讀了那些灌輸給約翰・史密斯關於中國和中國人的觀念的書。

早餐桌上的獨裁者[4]將人的頭腦分為算術型和代數型。「所有經濟和實用的智慧」，他評述說，「是『2

4　早餐桌上的獨裁者，此處借指霍姆斯（O. W. Holmes, 1809—1894），美國小說家、詩人，著有《早餐桌上的獨裁者》（*The Autocrat of the Breakfast-Table*）.

加 2 等於 4』這種算術等式的擴展或變化形式。每一個哲學命題，都具有『a 加 b 等於 c』這種表達式的一般特性。」約翰・史密斯整個家族的頭腦，絕對屬於「獨裁者」所說的算術型頭腦。約翰・史密斯的父親，老約翰・史密斯，又被稱為「約翰牛」，就用「2 加 2 等於 4」這個簡單的等式賺得了財富。「約翰牛」來到中國銷售他從曼徹斯特運來的貨物，並且，他和中國人約翰相處得很融洽，因為他和中國人約翰雙方都理解並完全認同「2 加 2 等於 4」的等式。但是，現在統治大英帝國的小約翰・史密斯來到中國，滿腦子是連他自己都不理解的「a 加 b 等於 c」，而且他不再滿足於出售曼徹斯特貨物，還想教化中國人，或者像他自己所說的，要「傳播盎格魯—撒克遜觀念」。結果是：約翰・史密斯與中國人約翰的關係變得非常糟糕。更糟糕的是，在約翰・史密斯的「a 加 b 等於 c」的盎格魯—撒克遜觀念的教化影響下，中國人約翰不再是曼徹斯特貨物忠實、可靠的好顧客了，他丟下自己的生意，跑到張園去慶祝立憲，實際上變成了一個瘋狂、狂熱的

改革者。

近來，我從帕特南‧威爾[5] 寫的《遠東新調整》和其他書籍中得到啟發，嘗試編過一本關於盎格魯－撒克遜觀念的問答集，供中國學生使用。結果，到目前為止，只有以下的這些東西：

1. 人主要的目標是甚麼？

   人最主要的目標是使大英帝國更榮耀。

2. 你信仰上帝嗎？

   是的，當我去教堂的時候。

3. 當你不在教堂時，你信仰甚麼呢？

   我信仰利益 —— 可以贏利的東西。

4. 信念的理由是甚麼？

   相信每個人都為自己。

5. 工作的理由是甚麼？

5　帕特南‧威爾（Putnam Weale, 1877—1930），是辛普森（Bertram Lenox Simpson）的筆名，英國人，是中國海關第一位英籍官員的兒子。早年在瑞士留學，回到中國後進入中國海關總稅務司署工作。辛亥革命後，任倫敦《每日電訊報》駐北京記者。

把錢裝入你的腰包。

6. 天堂是甚麼？

　　天堂就是能住在百樂門大街[6]並且能駕

　　着四輪摺篷馬車。

7. 地獄是甚麼？

　　失敗就是地獄。

8. 甚麼是人的完美狀態？

　　羅伯特・赫德爵士在中國海關的工作。

9. 甚麼是褻瀆？

　　說羅伯特・赫德爵士不是一個偉大的

　　天才人物就是褻瀆。

10.甚麼是十惡不赦的罪惡？

　　阻礙英國的貿易。

11. 神為甚麼創造了四萬萬中國人？

　　為了讓英國人賣東西給他們。

12.當你祈禱時，你禱告甚麼？

　　感謝您，上帝，我們與邪惡的俄國人和

6　　原註：上海最時尚的住宅區。

殘暴的德國人不一樣，

我們不想瓜分中國。

13. 在中國，誰是盎格魯—撒克遜觀念偉大
的傳道者？

《泰晤士報》駐北京的通訊記者馬禮遜
博士。

如果説上文是對盎格魯—撒克遜觀念的真實
陳述，或許有誹謗的嫌疑，但是，任何不怕麻煩，
願意去讀一讀帕特南·威爾的著作的人，就不會否
認，以上描述確實代表了帕特南·威爾先生和他的
讀者 —— 在中國的約翰·史密斯們 —— 的觀念，他
們的盎格魯—撒克遜觀念。

這件事最奇怪的地方是，約翰·史密斯的這種
盎格魯—撒克遜觀念確實在中國產生了影響。在這
種影響下，中國人約翰現在也想使「中華帝國」更
榮耀。精通八股文的中國舊式文人雖然虛偽，卻無
害。但是外國人吃了虧後就會發現，那些在盎格魯
—撒克遜觀念的影響下，叫喊着要立憲的中國新式

文人，才會造成無法承受的危害。最後，我恐怕，「老約翰牛」不僅發現他的曼徹斯特貨物賣不出去了，而且他還得支付另外一筆費用，好派一位戈登將軍或者基希勒勳爵去射殺他那可憐的老朋友——中國人約翰，而中國人約翰正是在約翰·史密斯的盎格魯─撒克遜觀念的影響下才變得精神錯亂（non compes mentis）的。不過，這是題外話了。

我想在此簡明扼要地說一下。在我看來，那些外國人滿腦子裝的都是在書中讀到的、關於中國人的荒謬論調，他們來到中國後，如果還能同與其打交道的中國人友好相處，那可真是一個奇跡了。我們從亞歷克西斯·克勞斯的《遠東：歷史與問題》一書中舉一段為例：

> 影響在遠東的西方列強的問題癥結，在於理解東方精神的真正本質。東方人不僅看問題的角度不同於西方人，而且他們的整個思路和推理方式也與西方人不同。在亞洲人身上根植着一種與我們天生被賦予的

感知功能所不同的獨特知覺。

在讀完最後一句話後，在中國的英國人，如果聽從了胡言亂語的克勞斯先生的建議，那麼當他需要一張白紙時，他就該對他的男僕說：「夥計，去給我拿一張黑紙來。」我認為，在中國，那些務實的外國人是值得稱讚的，他們在實際與中國人打交道時，能夠不聽信所有那些關於「東方精神的真正本質」的胡話。事實上，我相信，那些與中國人相處融洽的外國人，在中國最成功的人，都是堅持「2加2等於4」理論的人；同時也是把關於東方精神本質的「a加b等於c」理論丟還給約翰·史密斯和克勞斯先生的人。確實，當人們想起在以往的那些歲月裏，在尊敬的亞瑟·史密斯牧師寫出《中國人的性格》之前，大英帝國公司的老闆或大班，比如查頓和馬地臣他們與中國買辦之間的情分一直很深厚，而且代代相傳。當有人想到這一點時，他就很可能會問，聰明的約翰·史密斯關於東方精神本質的「a加b等於c」的理論和盎格魯—撒克遜觀念，究竟對

中國人或是外國人有甚麼好處？

那麼，吉卜林的那句名言「東方就是東方，西方就是西方」，就沒有道理嗎？當然有道理。當你處理「2 加 2 等於 4」這樣的問題時，東方和西方只有很小的差異或者說沒有差異。只有當你要處理像「a 加 b 等於 c」這樣的問題時，東方和西方之間才存在很大的差異。但是如果能解決東西方之間「a 加 b 等於 c」這一等式，一個人必須要具備高等數學的真正能力。但當今世界的不幸在於，東方和西方在遠東「a 加 b 等於 c」這一等式的解決方法，掌握在約翰・史密斯手中，他不僅統治着大英帝國，還與日本結盟，而且約翰・史密斯甚至連代數的基本原理都不懂。東西方之間關於「a 加 b 等於 c」這一等式的解法，是非常複雜和棘手的。因為，其中有許多未知的變量，不僅有諸如孔子的東方、康有為先生的東方，以及端方總督的東方，而且還有莎士比亞、歌德的西方，以及約翰・史密斯的西方。的確，在你完全解開了「a 加 b 等於 c」的等式時，你會發現其實孔子的東方與莎士比亞、歌德的西方之間的差異

非常小，而在學者理雅各博士的西方與亞瑟‧史密斯牧師的西方之間卻存在巨大的不同。讓我舉一個具體的例子來說明我的意思。

尊敬的亞瑟‧史密斯牧師在談論中國歷史時說：「中國的歷史（記載）是古老陳舊的，這不僅表現在他們試圖回到荒蠻的原始時代去找尋起點，也表現在那股冗長、緩慢而渾濁的洪流，這洪流不但夾帶着過去時代的巨大植被，而且還有沿路的木頭、乾草和斷株。只有相對永恆的種族能編寫或者讀懂這樣的歷史；只有中國人那種超大容量的記憶才能將它們儲存起來。」

現在，讓我們聽聽理雅各博士對同一主題的論述。理雅各博士在談到中國二十三個正統朝代的歷史時說：「沒有其他民族有這樣徹底貫通的歷史，總體而言，它是可信賴的。」

說到另一部偉大的中國文學集時，理雅各博士說道：「就像我曾經料想的一樣，這部著作並不是由皇家權威部門出版的，而是在兩廣總督阮元的督辦和資助下（還有其他官員的資助下），於道光當政的

第九年，即一八二九年出版的。一部如此大型的著作能夠由中國的官員支持出版，表明這些中國官員極具公益精神和對文學的熱心，光是這一點，也讓外國人無法輕視他們。」

以上就是我的觀點。我認為，巨大的差異不僅存在於東方和西方之間，也存在於西方與西方之間，即存在於那個能欣賞和讚美熱心於文學的中國官員的理雅各博士所代表的西方，和那個被在中國的約翰・史密斯們所熱愛的亞瑟・史密斯牧師所代表的西方之間。

大漢學家

當你努力要成為一個偉大的學者時，

記得要做一個理性的君子；

不要變成一個愚蠢的傻瓜。[1]

——《論語》

　　我最近閱讀了翟理斯博士的《翟山筆記》，而且在閱讀的過程中，我常想起另一位英國領事霍普金斯先生的一句話：「當在中國的外國人稱一個人是漢學家時，他們通常是指他是一個傻瓜。」

　　翟理斯博士是一位極負盛名的漢學家。考慮到他的巨大的工作量，他也不算浪得虛名。但是，我認為，現在是時候對翟理斯博士的作品質量和真正價值進行正確的評估了。

　　一方面，翟理斯博士具有一項其他漢學家所不具有的優勢 —— 文學天賦，他能寫出優美且合乎語言習慣的英文。但是另一方面，翟理斯博士完全缺少哲學洞察力，而且有時候甚至連常識都沒有。他

---

[1]　孔子的原文為：「汝為君子儒，無為小人儒！」

能夠翻譯中文的語句，但不能解釋和理解其中的思想。在這一點上，翟理斯博士具有和中國文人相同的特徵。孔子說：「當人受的教育或者學到的知識壓制了他們的天性時，他們就成了學究。」[2] 對於中國的學究來說，書籍和文學作品只不過是寫書的資料，而且他們因此得以一本接一本地著書立說。他們生活、行動、存在於書的世界中，與人類實際生活的世界沒有甚麼關係。在真正的學者看來，書籍和文學作品只是一種手段而已，一種用以研究從而使他們能夠解釋、評價和認識人類生活的手段。而這一點，中國的學究從不明白。

馬修·阿諾德說過：「正是通過對所有文學作品 —— 人類精神的完整歷史 —— 的理解，或者把一部偉大的文學著作當作一個有關聯的整體來理解時，文學的力量才能被感知。」但是在翟理斯博士所有著作中，沒有一個句子能表明翟理斯博士曾經考慮或試圖把中國的文學當作一個有關聯的整體來

2　孔子的原文為：「文勝質則史」。「史」在此處指「文氣、酸腐」。

考慮的跡象。

正是由於翟理斯博士身上缺乏哲學的洞察力，他在書中對材料的安排才顯得如此茫然。以他的大字典為例，那根本就不是一部字典，它僅僅是翟理斯博士翻譯的一部漢語詞彙和漢語句子的彙集，完全沒有經過任何選擇、編排和整理。作為一部供學者使用的字典，翟理斯博士的這部字典的價值絕對趕不上衛三畏博士[3]所編的那部舊字典。

翟理斯博士的那部《中國名人譜》，必須承認，是一部工作量巨大的著作。但是在這部著作裏，翟理斯博士又一次顯出他完全缺乏常識的一面。在這樣一部著作中，人們期望能看到的只是對真正著名的人物的短評。

> 這裏有一羣為祖國在戰爭中受傷的人，
>
> 另一些在世時則是聖潔的祭司，

3　衛三畏（Samuel Wells Williams, 1812—1884），美國近代著名漢學家和駐華外交官，傳教士出身。

有的是虔誠的詩人，說出無愧於費布思[4]
之言，

有的是富於創新精神的，使生活豐富多彩
的藝術家，

還有些人留下了使人們懷念的業績。[5]

　　但是，我們發現，在這部字典中，古代的聖賢
與英雄和神話中虛構的人物並列在冊，陳季同[6]將
軍、辜鴻銘先生、張之洞總督和呂文經船長也被列
入冊中，最後一位得以列入冊中，是因為他常常以
無數香檳酒來招待他的外國朋友。

　　最後，我擔心翟理斯博士最近出版的書《翟山
筆記》，不會提高翟理斯博士作為一位有判斷力的學

4　指太陽神阿波羅。

5　原文為德文：Hie manus ob patriam pugnando vulnera pas si,Quique
　　sacerdotes casti, dum vita manebat,Quique pii vates et Phoebo digna
　　locuti, Inventas aut qui vitam excoluere per artes, Quique sui memores
　　aliquos fecere merendo.

6　陳季同（1851—1907），字敬如，福建侯官人，精通法文，是晚清時期政
　　治人物和外交家。

者的聲望。其中所選的絕大部分主題，都沒有實際的意義或者人文價值。翟理斯博士不辭勞苦地寫這些書，似乎不是為了告訴世界關於中國人和中國人的文學的任何情況，而是為了展示翟理斯博士是一個多麼有學問的漢語學者，以及他如何比其他任何人更了解中國。此外，翟理斯博士，在這本書裏與在其他書裏一樣，表現出一種苛刻而好鬥的教條主義，既缺乏哲理性，又不符合一個學者的風範，令人不愉快。恰如霍普金斯先生所言，正是翟理斯博士這類漢學家的這些特徵，致使在遠東那些務實的外國人中，漢學家和中國學研究者這種稱呼，成了笑柄，並被人嘲笑。

在此，我將從翟理斯博士最近出版的那本書中選擇兩篇文章，並且藉此說明，如果迄今外國學者關於中國的學問和中國的文學這些主題的著作都沒有人性價值的或者實際的意義，那麼這種錯誤並非中國的學問和中國的文學本身的問題。

第一篇文章的題目叫〈何為孝〉。這篇文章主要解釋兩個漢字的意思。孔子的一個弟子問他：「何為

孝？」孔子説：「色難。」

　　翟理斯博士説：「兩千多年過去了，這兩個漢字是甚麼意思？這個問題依然存在。」在引用並排除了本國和外國學者的所有解釋和翻譯之後，翟理斯博士理所當然地宣稱，他發現了這兩個字的真正含義。為了讓諸位看清翟理斯博士那苛刻而沒有學者風度的教條主義風格，在此我將引用他宣佈他的發現的原話。翟理斯博士説：

　　　　在上述議論之後，要宣佈它的內涵像印花税票一樣外露，也許，有些專斷，但是，所有你必須做的事，就像這首詩所説的，應該是：

　　彎下腰，它就在那裏；
　　探尋它，它就在眼前。

　　　　當子夏問孔子「何為孝」時，後者簡單地答道「色難」。『色』就是詳細説明它，『難』就是困難。」這是極易懂且恰當的回答。

在此，我不想討論精確的中文語法來證明翟理斯博士的錯誤。我只想說，如果翟理斯博士的假設是正確的，即把漢字「色」當成動詞，那麼在正確的合乎文法的中文裏，這句話是不會說成「色難」的，而是用「色之維難」來形容它。如果漢字「色」在這兒被用作動詞，那麼這裏的非人稱代詞「之」是絕對不可缺少的。

但是，除了不符合準確的語法之外，翟理斯博士對孔子的回答所給出的翻譯，放到整個上下文中來看時，根本就是既無重點，也無意義。

子夏問：「何為孝？」孔子答曰：「難的是做事時的態度[7]。僅僅是有事需要做的時候由年輕人去做，有酒食時讓家中的長輩先享用，你真的認為那就是孝嗎？[8]」上文的重點就在於此 —— 重要的不是你對父母履行了甚麼義務，而在於你如何 —— 用甚

7　原註：可以比較另外一個成語「巧言令色」。意為：以似是而非的言辭，討好別人的做法。

8　孔子的原文是：「色難。有事，弟子服其勞，有酒食，先生饌，曾是以為孝乎？」

麼方式、用甚麼態度履行那些義務。

我想在此說明，孔子的道德教義的偉大與真正功效，恰恰在於翟理斯博士未能理解的這個要點，即在履行道德義務時，孔子強調的重點不是做甚麼，而是如何去做。這正是所謂的道德和宗教之間的區別，是道德導師的道德行事準則與偉大的真正的宗教導師有感染力的教義之間的區別。道德的導師只是告訴你，甚麼樣的行為是有道德的，而甚麼樣的行為是不道德的。但是，真正的宗教導師不止告訴你這些。真正的宗教導師，不僅諄諄勸導人們外在的行為做法，而且強調行為方式的重要性，即行為的內在性質。真正的宗教導師教導說，我們行為的道德與不道德，並不在於我們做了甚麼，而在於我們如何去做。

這就是馬修・阿諾德所說的基督在他的教義中使用的方法。當一個可憐的寡婦給了他一點點錢時，基督提醒他的門徒注意的是，不是她給了甚麼，而是她給時的態度。道德家們說：「不許做通姦之事。」但是基督說：「我想說的是，無論是誰，

在他帶着淫念去窺視一個女人時，他就已經犯了姦淫罪。」

同樣，孔子時代的道德家們說，孩子們必須為他們的父母砍柴挑水，把家裏最好的食物和酒讓給父母享用 —— 那就是孝。但是孔子卻說：「不，那不是孝。」真正的孝並不只是表面上服侍父母。真正的孝是我們怎樣服侍父母，即以甚麼方式、甚麼態度履行這些責任。孔子說，難的是做事的態度。我最後想說的是，正是通過孔子教義中的這種方法，審視道德的內在性質，他才成為一位偉大的真正的宗教導師，而不是像一些基督傳教士所說的，僅是一個道德家和哲學家。

為了進一步闡釋孔子教義中的那種方法，我將以中國現在的改革運動為例。那些所謂進步的清朝官吏，受到了外國報紙的熱烈歡迎，正大張旗鼓地進行改革。他們甚至想去歐洲和美國，試圖在那裏找到適合中國的改革方案。但不幸的是，拯救中國不是依賴於這些改革派官吏採取了甚麼改革措施，而是依賴於這些改革措施實施的方式。不過很遺

憾，這些進步派官員跑到歐洲和美國去研究憲法，而不是待在國內好好研究孔子。因為在中國，這些官吏只有領會了孔子教義的核心和方法，並在這次改革運動中專心於改革的方式而不是改革的內容，才能使混亂、不幸與苦楚從目前的改革運動中消失。

我將簡要討論一下翟理斯博士《翟山筆記》中的另一篇文章，這篇文章的題目是「四階層」。

日本人末松男爵在一次會見時說，日本人把人民分為四個階層 —— 士、農、工、商。對此，翟理斯博士說：「將『士』翻譯成『士兵』是不對的，那是後來衍生出來的意思。」翟理斯博士進一步解釋說：「『士』這個字最早的含義，是指『文士』。」

不過，事實恰恰相反。「士」這個詞最早的含義，是指中國古代的君子，頗似現今歐洲穿制服的佩劍貴族。此後，軍隊裏的官兵才被稱為「士卒」。

古代中國的文官階級，都被稱為「史」（clericus）。當中國的封土建國制度被廢止（公元前二世紀），打仗不再是君子的唯一職業，文士階層崛起並日益重要，他們成為立法者，形成了穿長袍

的貴族階級「史」，以區別於原來的佩劍貴族階級「士」。

湖廣總督張之洞先生有一次曾問我，說外國領事是文職官員，為甚麼穿制服的時候要佩劍。我回答說，因為西方的「士」，不是中國古代那種文「士」，而是佩劍貴族，是要配武器並在軍隊中服役的兵士。總督先生表示贊同，並於次日下令，讓武昌學堂所有學生都換穿軍用制服。

因此，翟理斯博士提出的漢字「士」到底是指「文士」，還是指「武士」的這個問題，現實意義極其重大。因為將來中國是獨立自主還是受外國統治，都取決於中國究竟是否會擁有強大有效的軍隊，而且這個問題又取決於中國那些受過教育的統治階級究竟是否會恢復「士」字的真正的本義 —— 不是文士學者，而是指肩負武器、有能力保衛祖國不受侵略的從武君子。

中國學（一）

不久前，一個傳教士團體引起了許多笑話，因為他們在一些嚴肅刊物的封面上自稱「宿儒」（即著名的學者）。這種想法真是可笑至極。可以肯定，在整個中國還沒有一個中國人敢用「儒」這個漢字來稱呼自己，「儒」意味着一個學者或文人所能達到的最高尚的品質。但我們卻聽到一個歐洲人被稱為漢學家。在《中國評論》的宣傳語裏，我們常常可以看到這樣的話：「教士團中的漢學家，修養極深，且刻苦勤勉。」之後，就是一串撰稿人的名字，然後宣稱：「所列出的這些人士都非常知名，對其所研究的學科，了解全面，學識淵博。」

那麼，要想評估這種在中國的傳教士團體中辛勤培養的高級學問，大可不必拿像德國人費希特在其演講集《論文人的使命》，或者美國人愛默生在《文學倫理學》中提出的至高標準來衡量。前美國駐德國公使泰勒先生，是一位公認的了不起的德國學家，不過，這位駐德公使泰勒先生實際上是一個英

國人，讀過幾本席勒[1]的劇本，向雜誌投過幾首海涅[2]的詩歌譯稿，在他的社交圈內他可能被稱為德國學家。但是泰勒先生絕不敢讓自己的名字冠以「德國學家」的稱謂出現在印刷品上。可是，在中國的歐洲人，只要在其出版的書中收錄了用幾省方言寫的幾句對話，或是收集了一百條中文諺語，那麼這個人就立即被冠以「漢學家」的稱謂。當然，光是一個稱謂倒也沒有甚麼要緊；根據治外法權的條款，即便一個英國人在中國自稱孔子，他也不會受到懲罰，只要他高興。

有些人認為，對中國學的研究，已經跨越了或者說正在跨越早期的初創階段，即將進入一個新的階段。中國學研究者們已經不滿足於字典編輯或類似的單調辛勞工作，而要致力於撰寫專著，或翻譯中華民族最完美的文學作品。而且他們以理性的推理和論據，對那些在中國文學殿堂裏應該最受崇敬

---

1   席勒（Friedrich Schiller, 1759—1805），德國劇作家、詩人。

2   海涅（Heinrich Heine, 1797—1856），德國詩人、政治家。

的名字妄加評論，甚至還要給他們最終定論。現在，我們來考察一番。第一，考察在歷經了這種變化的歐洲人中間，他們的中國學知識究竟掌握到了甚麼程度；第二，在中國學方面已經做了甚麼工作；第三，當今中國學的實際狀況怎樣；第四，要指出我們設想中國學應該到甚麼樣的程度。據說，一個站在巨人肩膀上的侏儒，很容易把自己想像得比巨人更高大。儘管如此，必須承認的是，侏儒具有位置上的優勢，當然會看到更加寬廣、更加遼闊的風景。因此，我們將站在前人的肩膀上，縱覽中國學的過去、現在和將來；而且，在我們的嘗試中，如果最終我們並不完全贊同前人的意見，那麼，我們希望這些意見不要被理解成我們有意在炫耀自己的優越性，我們認為只是我們在位置上佔有優勢。

首先，說到歐洲人對中國知識的掌握已經發生了變化，似乎只是在習得語言知識方面，語言知識中的大部分難點已經被解決了，但也只是這種程度。「人們原來都相信」，翟理斯博士說，「中文口語很難學，中文的方言更難學。這種認識早就只存

在於歷史小說中了。」確實，即使在書面語言方面，一個英國領事館的新譯員，在北京住上兩年，並在領事館工作一兩年之後，就能輕鬆地看懂一封普通信件了。到目前為止，我們並不懷疑，在中國居住的外國人對中國知識的掌握已經發生了變化。但是，如果說變化很大，我們就無法認同了。

繼早期的耶穌會士之後，馬禮遜博士著名的辭典得以出版，這部辭典被公認是所有已完成的中國學著作的新起點。這部辭典的確可以算得上是早期新教傳教士認真、熱誠和盡責精神的一座不朽的豐碑。繼馬禮遜之後，是以約翰‧戴維斯爵士[3]和郭實臘博士[4]等為代表的一批學者。戴維斯爵士根本談不上真正懂中國知識，而他自己也坦白地承認這一點。他當然能講官話，並且也許閱讀用這種語言寫成的中文小說也不太困難。但是他那時所具備的知識，在今日幾乎不足以擔當任何一個領事館的譯員

3　約翰‧戴維斯（John Davis, 1795—1890），中文名德庇時，英國漢學家。

4　郭實臘（Karl Friedlich Gutzlaff, 1803—1851），德國漢學家。

之職。然而，值得注意的是，你會發現，即使到了今天，大多數英國人關於中國的概念，仍然是從戴維斯爵士所寫的關於中國的書籍中獲得的。郭實臘博士也許比戴維斯爵士知道的中國知識多一點，但是，他卻佯裝自己了解的不止那些。已故的托馬斯·麥多士先生 [5] 曾把郭實臘博士的虛飾公之於眾，還有其他這樣的人，如傳教士古伯察 [6] 和杜赫德 [7]。然而，讓人奇怪的是，布爾傑 [8] 先生在他最近出版的《中國歷史》一書中竟把這些人引為權威。

在法國，雷慕沙 [9] 是在歐洲所有大學中第一位獲得中文教授職位的人。對於他的工作，我們不便發表甚麼看法。但是他有一本書引人注目，那就是小說譯本《雙堂妹》。利·亨特 [10] 讀過這本書之後，將

5　麥多士（Thomas Meadows, 1815—1868），英國漢學家，駐華領事官。

6　古伯察（Evariste Regis Hue, 1813—1860），法國漢學家，在華傳教士。

7　杜赫德（Jean Baptiste Du Halde, 1674—1743），法國歷史學家。

8　布爾傑（Boulger, 1835—1900），愛爾蘭漢學家。

9　雷慕沙（Abel Rimusat, 1788—1832），法國漢學家。

10　利·亨特（Leigh Hunt, 1784—1859），英國作家、詩人、批評家。

它推薦給了卡萊爾，卡萊爾又推薦給了約翰·斯特林，他們饒有興致地閱讀了這本書，並且説此書肯定是一個天才所寫，只能是「一個天才的龍的傳人」所寫。這本書的中文名是《玉嬌梨》，是一本讀起來讓人很愉悅的書。但是即使在二流文學作品中它也佔不到前列。不過，源於一個中國人頭腦裏的思想和想像的故事，竟讓像卡萊爾和利·亨特這樣的人津津樂道，想到這一點總是讓人覺得有趣。

繼雷慕沙之後的漢學家是儒蓮[11]和博迪耶[12]。德國詩人海涅認為，儒蓮有一個絕妙且重要的發現，那就是博迪耶先生根本不懂中文。而博迪耶先生也有一個重大的發現，即儒蓮先生完全不懂梵語。不管怎樣，這些作者的開拓性工作是非常重要的。他們擁有一種別人無法比擬的優勢，那就是他們都是自己本民族語言的大師。另一個可以被提到的法國

11　儒蓮（Stanislas Mien, 1797—1873），法國漢學家，以他的名字設立的「儒蓮獎」是歐洲最高的漢學家獎。

12　博迪耶（M. G. Pauthier, 1801—1873），法國漢學家。

作家是德里文先生 [13]，他對唐詩的翻譯是對中國文學一個分支的突破，在此前這是沒有人做過的事。

在德國，慕尼黑的帕拉特博士 [14] 出版了一本關於中國的書，書名為《滿族》。像所有用德文寫成的著作一樣，這是一本十分可信的書。顯然，這本書主要是講述清王朝在中國的起源史。但是，這本書的後面一部分包含了關於中國問題的信息，我們知道，這在用歐洲語言所寫的其他任何書中都無法找到。和它相比，像衛三畏博士的《中國總論》這樣的著作，簡直就像是兒童故事書。另外一位德國的漢學家是施特勞斯，他以前是一個日耳曼小公國的大臣，這個小公國在1866年被普魯士吞併。這個老大臣在隱退後以研究中文自娛。他出版了一本《老子》的譯本，並且最近出版了《詩經》的譯本。廣東的花之安 [15] 先生說他譯的《詩經》中的一些譯文是相當完美的，絕不比其所譯的《老子》差。據說他翻譯的詩

---

13 德里文（De Saint Denys, 1823—1892），法國漢學家。

14 帕拉特（J. H. Plath, 1802—1874），德國漢學家。

15 花之安（Ernst Faber, 1839—1899），德國漢學家。

賦也非常精彩。不幸的是，我無法找到這些書了。

我上面提到的那些學者被認為是早期的漢學家，最早的漢學家可自馬禮遜博士字典出版之時起算起。第二時期以二權威著作問世為標誌：一是威妥瑪[16]爵士的《語言自邇集》，二是理雅各博士譯的《中國經典》系列。

對於前者，那些漢語知識已經不只局限於官話的西方人，可能會有些不屑，但是儘管如此，它仍不失為一部傑出的著作——就其所論述的內容而言，在所有已經出版的關於中國語言的英文書籍中，它是完美的。而且，這本書也是為響應時代的需要和呼喚而寫。時代正需要這樣的書籍，此書一出版，真可謂適逢其時。

翻譯中國經典的工作必然也要做，這也是時代的需要，理雅各博士已經完成了這項工作，成果是一打巨大而笨重的書卷。先不論它的質量如何，就他完成著作的數量而言，實在驚人。在這些浩繁

---

16 威妥瑪（Thomas Wade, 1818—1895），英國漢學家，曾任駐華外交官。

的書卷面前，我幾乎都驚訝得不敢講話了。然而，必須承認，這些著作並不能讓我們完全滿意。正如巴爾福[17]先生公正的評價：「這些經典的譯文，很多用詞是譯者所自造的。」我認為，理雅各博士的譯文用詞，是生硬、拙劣、不恰當的，而且在某些地方幾乎是不合乎語言習慣的。以上那些，我是就形式而言的。而就內容而言，我不想冒昧地說出自己的看法，而是想用廣東的花之安牧師的話來代我表達。他說：「理雅各博士關於孟子所做的評註，表明了理雅各博士對孟子之言並不理解。」可以肯定，從某種意義上來說，若理雅各博士不能用心完全理解孔子的教義和學說，若他不能從整體上理解孔子的學說的要義，他根本無法讀懂也無法翻譯孔子的著作。然而，理雅各譯文的特別之處在於：無論是在註釋中，還是在論述中，都沒有漏譯過一詞一句，以表明他對孔子的整個教義和學說完全理解。因

17 巴爾福（Frederic H. Balfour, 1846—1909），英國漢學家，翻譯了大量中文經典。

此，總而言之，理雅各博士對於這些經典著作的評價，無論如何都不能成為定論。而中國經典的譯者仍將繼續湧現。自從上面提到的兩部著作出現後，許多有關中國的著作不斷問世。的確，有些書確實具有真正重要的學術價值，但我認為，還沒有一部能夠表明中國學已經到達了一個重要的轉折點。

首先，有一本是偉列亞力[18]先生著的《中國文學札記》。但是，此書僅僅是一本目錄，根本沒有任何文學見解。另有一本是已故的梅輝立[19]先生著的《漢語指南》。當然，無論從哪種角度上講，這本書都無法堪稱完美。然而，它仍算得上偉大之作，因為在所有關於中國的書籍中，此書是最誠實、嚴謹和質樸的。而且，它的實用價值也僅次於威妥瑪爵士的《語言自邇集》。

其次，另一位漢學家是英國領事館的翟理斯先生。與其他早期的法國漢學家一樣，翟理斯先生令

18　偉列亞力（A. Wylie, 1815—1887），英國漢學家，在華傳教士。

19　梅輝立（W. F. Mayers, 1831—1878），英國漢學家，駐華外交官。

人羨慕的優點是其文筆清晰、有力和優美。他所譯之文，無不自然流暢、清晰明瞭。但是在其所有譯作中也有一兩個敗筆。他在選擇有翻譯價值的原文時並不十分幸運。一個例子就是《聊齋志異》的翻譯，儘管此譯文可以看作「中譯英」的一個典範。《聊齋志異》是一部非常優美的文學作品，但它還不能算作中國文學裏的一流作品。

繼理雅各博士之後，巴爾福先生最近譯了莊子的《南華經》（即《莊子》）。這部譯著肯定是一部他寄予厚望的作品。我承認，當我第一次聽到這部譯作發表時，所懷有的期待與興奮，是聽說一個英國人進入翰林院的消息時也沒有的。《南華經》被公認是中國文學中最完美的作品之一。該書自公元前二世紀問世以來，對中國文學的影響幾乎不亞於孔子的學說及其著作；而《南華經》對之後的歷代詩歌、浪漫主義文學語言與精神所產生的影響，就像《四書》、《五經》對中國哲學作品的影響一樣無可替代。不過，巴爾福先生的譯作根本就不是翻譯，那簡直就是亂譯。必須承認，巴爾福先生翻譯這部作

品一定耗費了多年的心血，對於我們來說，作出這樣的評價，也感到心情很沉重。但是我已經冒昧地評價其譯本，並希望能夠證實我的判斷。我相信，如果我提出關於莊子哲學釋義的疑問，那麼巴爾福先生幾乎不可能來參加我的討論。在此，我想引用林希沖在新版的《南華經》的中文序言裏的話：「閱讀一本書時，先要弄明白每一個字的意思；明白字義後，才能理解句義。接着，你才能領悟段落佈局，而最後，你才能掌握整個篇章的中心要義。」那麼，在巴爾福先生翻譯的作品裏，每一頁上都留有錯誤的痕跡：要麼沒懂字義，要麼沒理解句義，或者不知段落佈局。如果以上我所假定他的誤譯能夠被證實的話──因為只要看看語法和句法規則，就很容易證實這一點──那麼就能非常清楚地看到，巴爾福先生沒有掌握整篇作品的中心要義。

但是，在當今所有中國學研究者中，我更喜歡把廣東的花之安牧師擺在首位。我並不是覺得花之安先生的作品比其他人的著作更具有學術價值或文學價值，但是我發現，他寫下的每一個句子都體現

了他對文學和哲學原則的把握，這在當今的其他中國學研究者中是很難得的。而關於文學和哲學，我設想了哪些原則呢？這個問題，我不得不留到本篇的下一部分再討論了，到時候，我希望能夠盡數闡明中國學研究的方法、目的和對象。

中國學（二）

花之安先生曾經評論說，中國人不懂任何科學研究的系統方法。然而，在一部被大多數外國學者看作陳詞濫調的中國經典著作《大學》[1] 裏，已經給出了一個學者在進行系統研究時應遵循的一系列步驟。也許只有依照《大學》這本書裏所設定的研究步驟，中國學研究者才能把研究做到最佳。這一系列步驟就是：首先從個體開始研究，再從個體去研究家庭，然後從家庭擴展到對政府的研究。

　　那麼，首先，中國學研究者應該盡力知曉中國人的個人行為原則，這一點是必要的、不可或缺的。其次，研究者要審視並理解這些原則是如何在中國複雜的社會關係和家庭生活中被運用的。最後，做完這些研究，研究者才能專注研究國家的政府和行政機構。當然，我所說的這樣一系列步驟只能大體上被執行。要完全執行它，幾乎需要研究者全心全意地投入一生的精力。然而，除非一個人非常熟悉上述這些原則，否則我肯定不會認可他是一位漢學

1　原註："Higher Education"（《大學》），外國人通常稱為 "Great Learning"。

家，或認可他有任何高深的中國學問。德國詩人歌德曾說：「人類的作品，與自然的造物一樣，探究它們，相比其他方面，真正值得注意的是內涵。」在對民族性格的研究中，最需要注意的也是這一點。不僅要注意該民族人民的活動和實踐，也要關注他們的觀念和理論：要了解他們認為甚麼是好的，甚麼是壞的；他們把甚麼看作正義，又把甚麼看作非正義；他們把甚麼視為美，又把甚麼視為醜；他們如何區分智慧與愚蠢。以上就是我說的中國學研究者應該了解的個人行為準則。換言之，我想要說的是，你必須懂得中國人的民族理想。如果有人問：如何才能做到這一點？我的回答是：去研究這個民族的文學作品。從一個民族的文學中，可以看出這個民族最美好、最高尚的特徵，也能看出他們最壞的一面。因此，那些研究中國學的外國學者應該關注的一個目標，就是研究中華民族最好的文學。為了實現這一目標，無論進行甚麼樣的準備性的研究都是必要的。現在讓我們來看看外國學者是如何研究中國文學的。

一位德國作家說：「歐洲的文明，是基於希臘、羅馬和巴勒斯坦文明的；印度人、波斯人和歐洲人一樣，都屬雅利安人種，因此，他們是有親緣關係的；中世紀同阿拉伯人的交往，對歐洲文明的影響，甚至到今天仍然沒有完全消失。」但是，對於中國人來說，他們的文明起源、發展和存在的基礎，同歐洲人的文明完全不相干。所以，研究中國文學的外國學者，必須要克服因缺乏與中國人相同的根本思想和觀念所導致的困難。研究者不但必須了解那些他自己完全不熟悉的中國人的觀念和思想，而且，他首先要做的，就是在歐洲的語言中找到與那些中國人的觀念和思想所對應的詞彙。如果對應詞彙不存在，就要去分解那些觀念和思想，並且要弄清楚它們描述的是人類普遍天性中的哪些方面。比如，有些在中國的經典著作中頻繁出現的詞語，通常被翻譯成英文分別是：仁 —— "benevolence"（仁慈）、義 —— "justice"（正義）、禮 —— "propriety"（禮貌）。當把這些英文單詞放到上下文中仔細推敲時，人們就會發覺這些英語詞彙表達得並不充

分：它們不能涵蓋那些漢字的全部意思。此外，"humanity"（人道）可能才是被譯為 "benevolence"（仁慈）的「仁」字最確切的對應詞；但那時，"humanity" 必須被理解為與它在英語中的一般用法不同的語義。大膽的譯者，會用《聖經》中的 "love" 和 "righteousness" 來翻譯「仁」字，這兩個單詞可能和其他譯法一樣準確，被認為既表達了「仁」字的意義，又符合語言的習慣。不過，如果把這些基本概念進行分解並歸類於人類的普遍天性，它們的完整意義就會立刻為人所知，即「善」、「真」和「美」。

此外，要研究一個民族的文學，就必須把它作為一個有關聯的整體，系統地加以研究，而不能像如今大多數外國學者所做的那樣，零散地、毫無計劃和條理地研究。馬修・阿諾德先生說：「正是通過理解所有文學作品──人類精神的完整歷史，或者把某一部偉大的文學作品作為一個有關聯的整體來理解，文學的力量才能被感知。」但有一點很清楚，當今把中國文學作為一個整體來研究的外國學者寥寥無幾，因而他們也無法認識到中國文學的

重要性，他們對中國文學的認識其實非常貧乏。那麼，想通過研究中國文學獲得一種理解中華民族性格的洞見，微乎其微！除了理雅各和另外一兩位學者的作品之外，歐洲人主要是通過一些小說譯本了解中國文學，而這些小說甚至不是中國文學的上乘之作，就連在其所屬的類別裏，也是最平庸的作品。設想一下，這就好比一個外國人依據羅達‧布勞頓[2]女士的作品，或是依據供學童與保姆閱讀的那類小說，來評價英國文學一樣。威妥瑪爵士的頭腦裏肯定全是這一類中國文學作品，所以他才激狂地指責中國人「智力貧乏」。

過去對中國文學還有一種奇怪的評價，那就是認為中國文學過於說教了。因此，中國人實際上因為過分講究道德受到指責，而與此同時，大多數外國人又認為中國人慣於說謊。不過，我現在可以用事實來解釋這一點：除了我已經提到的那些毫無價值的小說之外，中國學研究者之前的工作都只局限

2　羅達‧布勞頓（Rhoda Broughton, 1840—1920），英國小說家。

於翻譯儒家經典作品。在這些儒家典籍中，除了道德，還有許多其他內容。我對巴爾福先生滿懷敬重，但仍然認為這些典籍所包含的「令人欽佩的教誨之言」，絕不是他評價的那麼「功利世俗」。我想舉兩句話為例，並想請教巴爾福先生，是否真的認為它們「功利世俗」。一句是孔子在回答一位大臣時說的話，孔子說：「獲罪於天，無所禱也。」另外一句出自孟子，孟子說：「生，我所欲也；義，亦我所欲也；二者不可得兼，捨生而取義者也。」

　　為了駁斥巴爾福先生不正確的評價，到目前為止我將話題扯得有點遠，但這還是值得的。因為在我看來，像「遠古的奴隸」、「詭辯的老手」這樣尖刻的詞，不應該用來評價一部哲學著作，更不應該用來評價那些在中國最受崇敬的聖哲。巴爾福先生因為自己對「南華真人」的仰慕所誤，竭力強調道教優於其他正統教派，因而使用了一些錯誤的表達，我相信，當他恢復冷靜時，必然會為這些話感到不齒。

　　言歸正傳。我曾說過，中國文學必須被作為一個有關聯的整體來研究。此外，我還注意到，歐洲

人習慣通過那些與孔子名字相關的著述來理解和評價中國文學。但是，實際上，中國的文學創作只是從孔子時代的著作起步，此後的十八個朝代裏中國文學一直在發展，有兩千多年的歷史。在孔子時代，人們對文學寫作的形式，理解得並不徹底。

在此，讓我們來討論一下，在文學研究中，有一個必須引起注意的要點，即文學作品的形式。但是這一點如今已經完全被外國的中國學研究者忽略了。英國詩人華茲華斯說：「內容固然重要，但如各位所知，內容（matter）是由形式（manner）表現出來的。」的確如此，早期那些與孔子相關的中國文學作品，就作品的形式而言，實在不能說達到了完美的程度。它們被奉為經典或權威作品，不是因為它們的風格古典高雅或文學形式完美，而是因為其內容所蘊含的價值。宋朝蘇東坡的父親評論說，類似於散文的文體形式可以追溯到孟子的對話形式。然而，中國的文學作品，無論是散文還是詩歌，自那之後已經發展出了多種形式和風格。比如，西漢

的散文不同於宋代的散文，這與培根[3]的散文不同於艾迪生、戈德史密斯[4]的散文一樣。六朝詩歌的那種修辭誇張和語言質樸，不同於唐詩的純淨、豪邁和文采斐然；就像濟慈[5]早期詩歌的傷感激憤與言辭稚嫩，有別於丁尼生詩歌的強健有力、清新明快與色彩溫和一樣。

如前所述，研究者只有了解了中華民族的基本原則與理念，才能研究這個民族的社會關係，然後才能理解這些原則是如何被運用和實行的。但是，一個民族的社會制度、禮儀和風俗，並不像蘑菇那樣能在一夜之間長大，而是經過千百年漫長的發展才形成今日的樣子。因此，研究這個民族的歷史是有必要的。直至現在，歐洲學者對於中華民族的歷史幾乎一無所知。布爾傑先生新近出版的那本所謂

3　培根（Francis Bacon, 1561—1626），英國散文家、哲學家、政治家和法理學家。

4　戈德史密斯（Oliver Goldsmith, 1728—1774），生於愛爾蘭的英國劇作家、小説家。

5　濟慈（John Keats, 1795—1821），英國傑出的詩人之一。

的《中國歷史》，可能是像中國人這樣一個文明民族所能被寫成的最差的歷史。布爾傑先生所寫的這樣一段歷史如果寫的是南非的霍屯督族人，尚可容忍。像寫得如此劣質的中國歷史，都能夠被出版，這恰恰可以向我們表明，歐洲人對中國的了解遠遠不夠。如果對一個民族的歷史都不了解，那麼也就不可能對其社會制度作出正確的評價。由於缺少這種歷史方面的知識，像衛三畏博士的《中國總論》，以及其他關於中國的著作，不僅對學者的研究毫無用處，甚至還會誤導眾多普通讀者。舉一個例子，如中國人的社會禮儀。中國人無疑是一個禮節繁多的民族，這也確實是受儒家學說的影響。巴爾福先生可以隨心所欲地評論他所見到的禮儀生活，不過多是吹毛求疵之見而已；然而，像翟理斯先生所說的「表面禮貌的鞠躬作揖」，其實是深深根植於人類的普遍天性中的，也就是根植於我們稱為「人性之美」中的。孔子的一位弟子說：「禮之用，和為貴，先王之道，斯為美。」另外，在這部經典的其他地方又說：「禮者，敬而已矣。」現在我們看到，對一

個民族的禮儀風俗的評價，應建立在對該民族的道德準則的了解的基礎上，這是顯而易見的。此外，研究一個國家的政府與政治制度，也必須建立在對該國的哲學原理的理解和歷史知識的認識的基礎上，這也是我們所說的學者工作的最後研究階段。

最後，我將引用《大學》（或者說是被外國人認為全是陳詞濫調的那部書）中的一段話來結束全文。書上說：「古之欲明明德於天下者，先治其國；欲治其國者，先齊其家；欲齊其家者，先修其身。」這就是我們所說的中國學。

（這篇關於「中國學」的文章，作於 1884 年並在上海《字林西報》發表。）

附錄：
暴民崇拜教或
戰爭及其出路

法蘭西的災禍是可怕的，統治者自當真心
地反省；

但是，更重要的是，民眾應該在心中認真
思量。

若統治者倒台，到那時，誰可保護民眾？

反抗民眾？反抗民眾會導致民眾真的變得
狂暴。

—— 歌德

　　劍橋大學的洛斯·狄金森教授在他的〈戰爭及
其出路〉的文章中有這樣一段有說服力的話：「未來
（他指的是歐洲文明的未來）沒有任何意義，除非英
格蘭、德國以及其他各國的普通民眾，用雙手工作
的勞動者和用頭腦工作的勞動者聚集起來，對那些
把他們捲入這場巨大的災難之中，並將一次又一次
把他們帶入這樣的災難中的人呼籲：『不要再戰了！
不要再戰了！永遠不要再戰了！你們這些統治者、
軍人和外交官，你們，讓歷史變得漫長而痛苦，操
控人類的命運，並將人類引入了地獄。我們現在要

與你們決裂。我們曾經任由你們肆意揮灑我們的血汗。但是，再也不會這樣了。你們是不會帶來和平的，因為正是你們發動了戰爭。走出這場戰爭的歐洲將是我們的，而且我們的歐洲應該是一個永遠不會再發生戰爭的歐洲。』」

這是歐洲的社會主義者現在的夢想。但是，恐怕這樣一個夢想，是永遠無法實現的。當歐洲各國的平民擺脫了統治者、軍人和外交官，親自處理與另一個國家的「是和是戰」這一問題時，我完全相信，在這個問題被決定之前，每個國家的民眾們，就會自己爭吵不休，打得頭破血流，甚至爆發戰爭。拿英國的愛爾蘭問題為例吧。事實上，愛爾蘭民眾甚至僅在試圖討論如何自治的問題上，就開始互相攻擊謾罵了。如果不是發生了這場世界大戰，他們這個時候就正在自相殘殺了。

現在，為了尋找結束這場戰爭的出路，我們必須首先找到這場戰爭的起因和根源，找出誰應該真正對這場戰爭負責。狄金森教授試圖讓我們相信，正是那些統治者、軍人和外交官把普通民眾引入了

這場災難之中—— 引入了這場戰爭的地獄。但是我認為，並且我也能證明，並不是那些統治者、軍人和外交官把普通民眾引入了這場戰爭，相反，正是那些平民驅使和推動着歐洲那些可憐無助的統治者、軍人和外交官陷入了這個戰爭的地獄。

讓我首先以現任的統治者—— 歐洲各國的皇帝、國王和共和國總統們—— 為例。現在，可能除了德國皇帝以外，歐洲各國現任的統治者到目前為止都沒有說過任何導致這場戰爭的話，這是不爭的事實。實際上，歐洲當今的統治者，那些皇帝、國王和總統的手腳都被《自由大憲章》束縛着，他們的言論也受到它的限制—— 這些現任的統治者在他們國家的政府或者公共事物方面都沒有甚麼發言權。可憐的大英帝國國王喬治，當他試圖說點甚麼以防止愛爾蘭問題發展為國內戰爭時，大英帝國的普通民眾態度強硬地警告他保持沉默，而實際上，他不得不通過首相向民眾道歉，就因為他想盡一個國王的責任—— 防止國內戰爭！其實，當今歐洲的統治者們已經變成尊貴的擺設，是負責在政府的官方文

件上蓋章的擺設。因此，就他們國家的政務而言，他們只是純粹的擺設：既沒有發言權，也無法表達自己的意願。怎麼能說這些現任的統治者應該對這場戰爭負有責任呢？

接下來，讓我們看看現在被狄金森教授和眾人譴責的軍人——他們被指責應該為這場戰爭負責。羅斯金在伍爾維奇[1]對軍官學校的學生講演時說：「現代制度的致命錯誤是剝奪了本民族最好的血液和力量，即本民族的靈魂本質——勇敢、不計回報、不畏艱苦和忠實守信；並剝奪其聲音和意志，將其鑄造成毫無思想的鋼鐵製品，一把把純粹的刀劍；然而，現代制度卻保留了民族本質中最糟糕的部分——懦弱、貪婪、耽於酒色、背信棄義，並且賦予擁有這些特質卻幾乎沒有甚麼思考能力的人權威和特權」。「你們要實現保衛英格蘭的誓言」，羅斯金繼續向大英帝國的軍人演說道，「絕不是去執行這樣一種制度。如果你只是打算站在店門外保護

1　伍爾維奇，地名，在英國倫敦附近，是英國皇家陸軍軍官學校的所在地。

在裏面行騙的店員，你就不是一個真正的軍人。」
現在，那些公然譴責軍國主義和普魯士軍國主義的
英國人，包括那些真正的英國軍人在內，我認為，
都應該閱讀並思考羅斯金所說的這些話。但是在此
我還想說的是，從羅斯金的話中可以明顯看出，如
果歐洲現任的統治者在對本國的政府和國家事務的
管理上，都沒有實際的發言權，歐洲今日的軍人對
此也絕無發言權。丁尼生對巴拉克拉瓦[2]的英國軍人
的評論，同樣適合於如今這場大戰中的可憐軍人：
「軍人的職責，不是去問為何而戰，而是去戰鬥並犧
牲。」事實上，如果今日歐洲的統治者已經成為奢
侈的擺設，那麼今日歐洲的軍人就已經變成危險的
機器。於國家政務而言，軍人沒有自己的聲音和意
志，則更像機器了，那又怎麼能說歐洲的軍人應該
為這場戰爭負責呢？

　　最後，讓我們來看看目前同樣受到譴責的歐洲

2　在克里米亞戰爭中，在巴拉克拉瓦（Balaclava）的英軍襲擊了俄軍，這
　　次襲擊招來俄軍的報復，英軍傷亡人數達到了 247 人。丁尼生為了歌
　　頌英國軍人創作了《輕騎兵的責任》。

外交官們吧。現在，根據歐洲的憲政理論和《自由大憲章》，外交官們 —— 那些實際上應該管理國家政務與公共事物的政治家和部長 —— 現在只能執行民眾的意願。換句話說，外交官們只能做國內的平民告訴他們去做的事。這樣，我們看到那些外交官 —— 當今歐洲國家政府中的政治家和部長，也已經變成了會說話的機器。事實上，他們就像木偶劇中的提線木偶：趾高氣揚的言辭，上躥下跳的行為，全無自己的意志，皆由平民操控。他們只是代平民發聲的傀儡。既然如此，又怎麼能說外交官們 —— 今日歐洲各國的政治家和部長們 —— 應該對這場戰爭負責呢？

的確，在我看來，在當今歐洲所有國家的政府中最奇怪的事情是，每一個本該真正負責管理政府事務的人 —— 統治者、軍人，還有外交官或者說政治家，以及部長，都不被允許擁有自己的意志，也沒有權力去做他們認為最有利於國家安全和利益的事。而每一個平民 —— 像《愛國時報》的編輯約翰·史密斯、亨德奇街的博布斯，曾是卡萊爾時代的香

腸和果醬製造商，但現在是一家「無畏戰艦」大造船廠的所有者，還有放高利貸的摩西·拉姆 —— 他們都被賦予了充分的權力，對國家政務充分表達他們的想法，擁有充分的話語權；事實上，他們還有權以國家的安全和利益為名，指使現任的統治者、軍人和外交官去做甚麼。這樣，你會發現，如果你對事情的來龍去脈了解得足夠深入的話，正是這三種人 —— 約翰·史密斯、亨德奇街的博布斯和摩西·拉姆，應該對這場戰爭負責。我在此想指出的是，正是這三種人，約翰·史密斯、博布斯和摩西·拉姆製造了這台恐怖的現代機器 —— 歐洲的現代軍國主義，從而挑起了這場戰爭。

但是，現在又涉及一個問題：為甚麼現任的統治者、軍人和外交官，會如此懦弱地放棄權力，轉而支持像約翰·史密斯、博布斯和摩西·拉姆這樣的三種人呢？我的回答是，因為平民 —— 甚至那些善良誠實的平民，像狄金森教授那樣的人 —— 也沒有把忠誠和支持獻給本國的現任統治者、軍人和外交官，而是與約翰·史密斯、博布斯和摩西·拉姆

站在一邊，反對那些統治者、軍人和外交官。此外，歐洲的平民之所以支持並站在約翰·史密斯、博布斯和摩西·拉姆之流一邊，有兩個理由：第一，因為約翰·史密斯、博布斯和摩西·拉姆告訴平民，他們這些人的政黨是屬於平民的政黨；第二，是因為歐洲各國的平民，從孩提時代起就被教導「人類的天性是邪惡的」，即任何人，只要被給予權力，他就會濫用他的權力。此外，任何人，只要足夠強壯而有能力去搶劫和謀殺他的鄰居時，他肯定想這樣做。實際上，我想說，約翰·史密斯、博布斯和摩西·拉姆這三種人能讓歐洲的平民支持他們，驅使現任的統治者、軍人和外交官製造出挑起了這場可怕戰爭的恐怖機器，是因為：任何一個國家的平民，當他們聚在一個羣體中時，總是自私和懦弱的。

因此，如果你找到事情的根源，你將會發現，實際上，應該對這場戰爭負責的人，並不是統治者、軍人和外交官們，甚至也不是約翰·史密斯、博布斯和摩西·拉姆們，而是像狄金森教授那樣善良、誠實的平民。但是狄金森教授會批判說，我們這些

平民百姓並不想要這場戰爭。但是，誰會想要這場戰爭呢？我的回答是，沒有人想要這場戰爭。那麼，是甚麼導致了這場戰爭？我的回答是，是「恐慌」引起了這場戰爭；暴民的恐慌，從去年八月，在俄國，由平民幫助創造的恐怖的現代機器開始運轉之時，這種恐慌便攫住並控制了歐洲各國的民眾。簡言之，我認為正是這種暴民的恐慌，大眾羣體的恐慌的自行傳播，最終抓住並麻痺了那些參戰國的統治者、軍人和外交官的大腦，使他們感到絕望無助，而引發了這場可怕的戰爭。因此，我們看到，並不像狄金森教授所說的那樣，是統治者、軍人和外交官將歐洲的平民引入了這場災難。而是平民自己的自私、膽怯，以及在最後關頭的畏縮、恐慌，將歐洲那些可憐無助的統治者、軍人和外交官推向了這場災難，推入了戰爭的深淵。在此，我想說，歐洲如今的悲慘境況之所以毫無希望，就在於交戰國的統治者、軍人和外交官對現狀的無能為力 —— 那種可憐又可悲的無能為力。

因此，從我在以上說明的文字中，顯而易見的

是，如果歐洲現在和將來要想擁有和平，首要之事，並非如狄金森教授所說要招來平民參與政治，而是要把這些自私、怯懦的平民剔除出去。平民無論何時面對「戰與和」的問題，都會變得恐慌。換句話說，如果要使歐洲和平，在我看來，要做的第一件事，就是保護統治者、軍人和外交官免受平民的影響，免受暴民的困擾──那種令統治者們無助的羣體性平民恐慌。事實上，不要說將來，如果現在要把歐洲從目前的實際困境中解救出來，我認為似乎只有一個方法可行，那就是先把交戰國的統治者、軍人和外交官解救出來，把他們從目前的無助境遇中解救出來。我想在此指出，歐洲目前悲慘的絕望境地，在於每個人都盼望和平，但是沒有人有勇氣或者力量去建設和平。因此我才說首要之事，就是把統治者、軍人和外交官們從目前的無助中解救出來，找到辦法賦予他們權力，使他們能去爭取和平的權力。我認為，行得通的辦法只有一個，那就是，對於歐洲的民眾，尤其是交戰國的民眾而言，要撕毀他們目前的《自由大憲章》，並制訂一個全新的

「大憲章」，就如我們中國人的良民宗教中所教導的「忠誠大憲章」。

根據這個新的「忠誠大憲章」，交戰國的民眾必須宣誓承諾：首先，不得以任何方式討論、參與或干涉有關目前這場戰爭的政治決策；其次，無論交戰國的統治者制定甚麼樣的和平條款，民眾都應絕對接受、服從和遵守。這一新的「忠誠大憲章」會立即賦予交戰國的統治者們權力，被賦予了這種權力，統治者們就有了重建和平的勇氣；事實上，這種權力和勇氣可使秩序得到維護進而令和平局勢被掌控。我十分確信，一旦這種權力被賦予了交戰國的統治者，他們就會馬上令秩序與和平得以恢復。我說我對此十分確信，是因為如果交戰國的統治者們不是完全不可救藥的瘋子或魔鬼，就必然會看到這樣的事實：

每天繼續浪費國人九百萬英鎊的血汗錢，屠殺成千上萬的無辜男人的生命，摧毀成千上萬無辜婦女的家庭和幸福，這完全是惡魔般的瘋狂。但人們都明白交戰國的統治者並不是瘋子或魔鬼 —— 不，

他們不是，我在此斗膽說一句，就連那個歐洲目前被詆毀最多的德國皇帝也不是。那麼，交戰國的統治者、軍人和外交官們之所以看不到這一點，是因為他們在面對暴民的恐慌 —— 面對烏合之眾的恐慌 —— 時感到無能為力；事實上，正如我曾經說過的，暴民的恐慌已經攫住並麻痺了他們的大腦。因此我認為，要讓歐洲擺脫目前的戰局，首先要做的事就是賦予交戰國的統治者、軍人和外交官們權力，將他們從對暴民的恐慌 —— 對烏合之眾的恐慌 —— 之中拯救出來。

在此我想進一步指出，目前歐洲的悲慘絕望的局面，不僅在於交戰國的統治者、軍人和外交官的束手無策，也在於交戰國中每一個人的無助。人人都能無能為力，並且沒人能看出：這場人人痛恨，僅由暴民的恐慌引起的戰爭，是一種惡魔般的瘋狂。因為，就像我說過的，暴民的恐慌已經佔據和麻痺了每個人的大腦。人們甚至在狄金森教授身上也可以發現它，他寫文章猛烈地抨擊戰爭，譴責統治者、軍人和外交官們挑起了戰爭。狄金森教授沒有意識

到，暴民的恐慌同樣存在於他的大腦中。在他的文章中，一開始就說，他的文章並不是「停戰書」。他接着說道：「我們身處這場戰爭之中，我，如同所有英國人的想法一樣，認為我們必須繼續戰鬥，直到我們能夠確保大英帝國的領土和安全無虞，以及在可控範圍內能夠確保歐洲未來的和平。」大英帝國的領土完整與安全，以及歐洲未來的和平，只有通過每天花費九百萬英鎊的真金白銀，犧牲成千上萬的無辜生命才能獲得！我相信，這樣一種觀點的巨大的荒謬之處，只要一個頭腦中沒有暴民的恐慌的人，就能説得出和看得到。好一個歐洲和平啊！我認為，如果以這種速度耗費和屠殺一段時間的話，和平當然會到來，但是，那時歐洲已經從世界的版圖上消失了。的確，如果有甚麼可以表明平民確實不適合決策「戰與和」的問題，那麼狄金森教授這類人的這種思想態度就足以說明這一點了。

但是在此，我想堅持說明的重點是，即便交戰各國的每一個人都渴望和平，但都無力制止戰爭、創造和平。現在，這一事實使每個人都相信不可能有

實現和平之法，人人都陷入了絕望。這種絕望，阻礙交戰國的民眾看清這場人人痛恨，且僅由烏合之眾的恐慌所導致的戰爭，只不過是一種惡魔式的瘋狂。因此，為了讓每一個人看清楚這場戰爭僅僅是惡魔式的瘋狂，首要之事，是向人們表明創造和平的可能性是存在的。為此，要做的首要而且簡單的事就是，立即制止這場戰爭；要授予某些人以充分的權力去制止戰爭；要通過制定我所說的「忠誠大憲章」授予交戰國的統治者們以絕對的權力 —— 命令這場戰爭立即停止的絕對權力。一旦人們看到戰爭能夠被制止，交戰國的每個人，也許除了幾個不可救藥的瘋子之外，都能明白這場人人痛恨、僅由暴民恐慌引起的戰爭，的確只是一種惡魔式的瘋狂。這場戰爭，如果繼續下去，將是毀滅性的，即使對那些即將勝利的國家也一樣。一旦交戰國的統治者擁有了停止戰爭的權力，一旦所有交戰國的人認識到這場戰爭僅是一場惡魔式的瘋狂。那時，也只有到了那時，像美國威爾遜總統那樣的人物，才能容易地發出呼籲，就像日俄戰爭期間美國前總統西奧多‧羅斯福所做的那

樣，讓交戰國的統治者們立即命令停止戰爭，然後找出一個可以創造永久和平的辦法。我之所以說，只有到了那時，威爾遜總統那樣的人物，才能容易地發出有效的呼籲，是因為我相信，眼下交戰國的統治者要做的唯一重要的事，就是建造一座特殊的瘋人院，並且逮捕和關押少數完全不可救藥的瘋子，那世界就和平了。就像狄金森教授那種人，他們滿腦子都是暴民的恐慌 —— 對「大英帝國的完整和安全，以及歐洲未來和平」的恐慌！

因此，我說，對於交戰國的人民而言，這場戰爭的唯一的一條出路，就是撕毀他們目前的《自由大憲章》，制定一種新的大憲章 —— 像在中國，我們中國人的良民宗教所教導的那種「忠誠大憲章」。

為了證明我以上建議的有效性，在此我想提醒歐美人民注意一個事實：正是日本人民和俄國人民對其統治者的絕對忠誠，才使美國前總統羅斯福能夠對已故的日本天皇和當今的俄國沙皇提出了有效的呼籲，停止了日俄戰爭，在樸次茅斯達成了和平協議。就日本來說，對統治者的絕對忠誠，是由於

日本人學習了中國的良民宗教，因而這種絕對忠誠受到了良民宗教中的「忠誠大憲章」的保障。但是在俄國，沒有良民宗教，也沒有「忠誠大憲章」，俄國人民的絕對忠誠必須依靠皮鞭的力量來保證。

　　現在讓我們來看看，在《樸次茅斯和約》簽訂之後，在像日本等擁有良民宗教及其「忠誠憲章」的國家，以及像俄國等沒有這種良民宗教和這樣的憲章的國家，都發生了甚麼。在日本，《樸次茅斯和約》簽訂後，東京那些內心的良民信仰被歐洲新學破壞了的平民，舉行了一起示威活動並試圖製造恐慌。但是，那些內心信奉「忠誠大憲章」、未被新學鼓動的真正的日本人，在少量警察的幫助下，一天之內就平息了示威以及平民的恐慌，並且，自那以後，日本不僅實現了永久和平，而且遠東也安定多了。[3]但在俄國，自《樸次茅斯和約》簽訂後，國內各地的

3　原註：我認為，遠東的和平，直到近來大英帝國的暴民崇拜政治家找到了其合適的學生之後，即現在日本的暴民崇拜政治家，像大隈重信（Count Okuma Shigenobu）這樣的人，才得以實現。此人成為現在日本最大的暴民崇拜政治家，他叫囂着發動戰爭，以反抗在青島的少數德國傳教士。

平民也舉行示威活動並試圖製造恐慌，而且，由於俄國並沒有良民宗教，皮鞭—— 用來保證俄國人民絕對忠誠的皮鞭—— 也斷了。因此，自那以後，俄國的平民擁有了充分的自由，去製造暴亂和立憲，去示威和製造恐慌—— 製造那種對沙俄帝國和斯拉夫民族的完整與安全，以及歐洲未來和平的恐慌！所有這一切的結果是，當奧匈帝國和沙俄帝國之間在殺害奧地利大公的兇手的量刑程度這一問題上產生了很小的分歧時，俄國那些平民，那些暴民就舉行了一場示威，並且在全國製造了一種對沙俄帝國的完整和安全的恐慌，以至於俄國沙皇和他的直接顧問就開始動員整個俄國的軍隊，換句話說，動員了如約翰·史密斯、博布斯和摩西·拉姆之流所創造的恐怖的戰爭機器。當那種恐怖戰爭機器—— 俄國的現代軍國主義—— 轉動起來的時候，立刻在全歐洲人民之間引起了一種普遍的恐慌。正是這種在歐洲平民間流行的恐慌，控制和麻痺了交戰國的統治者、軍人和外交官的大腦，並使他們感到無助，這種無助，就像我已經說過的那樣，導致了這場可

怕的戰爭。

　　因此，如果你深究這件事真正的源頭，這場戰爭的起因在於《樸次茅斯和約》。我認為《樸次茅斯和約》是戰爭的源頭，因為在和約簽訂之後，俄國的皮鞭，那種「皮鞭」的力量，已經斷裂了。沒有甚麼能保護俄國沙皇免受暴民的影響，免受平民羣體恐慌的影響。實際上，平民羣體恐慌，就是指俄國的暴民恐慌，那種對沙俄帝國以及斯拉夫種族完整和安全的暴民恐慌！德國詩人海涅，一位傑出的自由主義者，他那個時代自由主義的擁護者，以令人驚奇的洞察力指出：「俄國的專制主義是一種真正的獨裁，它不允許任何出自當代自由主義觀念的東西存在或傳播。」事實上，我要重申一次，《樸次茅斯和約》簽訂之後，俄國的皮鞭，也就是專制獨裁的力量，已經不在了，而且再也沒有甚麼力量能保護俄國的統治者、軍人和外交官免受暴民的影響。我認為，那就是這場戰爭的源頭。換句話說，這場戰爭的真正源頭和起因，就是俄國暴民的恐慌。

　　過去，歐洲各國負責任的統治者能夠維持他們

本國的內部秩序，而且保持歐洲各國之間的和平，那是因為他們敬畏和崇拜神。但是現在，我想說，當今歐洲所有國家中的統治者、軍人和外交官敬畏和崇拜的不再是神，而是本國的烏合之眾 —— 本國的暴民羣體。俄國沙皇亞歷山大一世在與拿破崙發生戰爭後，建立了神聖同盟，不僅維護了俄國的國內秩序，還維護了歐洲的和平，因為他敬畏神。不過，如今的俄國沙皇既不能維護俄國的國內秩序，也不能維護歐洲的和平，因為他敬畏的不再是神，他敬畏的是暴民。在大英帝國，像克倫威爾這樣的統治者，既能維護本國的國內秩序，也能維護歐洲的和平，因為他們崇拜神。但是當今大英帝國的那些責任重大的當政者，如格雷勳爵、艾思奎斯、丘吉爾和勞合·喬治這些先生，既不能維護國內秩序，也不能維護歐洲的和平，因為，他們崇拜的不是神，而是暴民 —— 不僅崇拜他們自己國家的暴民，還崇拜其他國家的暴民。大英帝國已故的前首相坎貝爾·班勒門先生，在俄羅斯國家杜馬被解散時，曾大聲高呼：「杜馬完了，杜馬萬歲！」

我曾說過，這場戰爭的真正根源和起因是俄國的暴民恐慌。而現在，我想在此說明，這場戰爭真正的最初的起因，並不是俄國的暴民的恐慌。最初的起因，不僅是這場戰爭的根源，同時也是當今世界所有無政府狀態、恐怖與痛苦的根源，那就是現在的歐美國家的暴民崇拜，尤其在大英帝國。正是大英帝國的暴民崇拜，導致和引發了日俄戰爭。[4] 日俄戰爭後，在英國首相的呼籲下簽署的《樸次茅斯和約》，把俄國的皮鞭 —— 專制獨裁的力量 —— 破壞了，把海涅所說的「獨裁」擊垮了，並且造成俄國的暴民恐慌，如我所言，這導致了這場可怕的戰爭。我順帶說一句，正是這種在大英帝國的暴民崇拜，這種在中國的英國人和其他外國人中的暴民崇拜，這種暴民崇拜教實際上是從英美引入中國來的 —— 它引發了中國的革命，引起了中國目前共和的夢

4　原註：大英帝國的暴民恐慌 —— 尤其是在中國和在上海的英國人自私的驚恐，他們當時的代言人就是「偉大的」馬禮遜博士，《泰晤士報》駐北京的通訊記者，他們叫囂着要滿洲「門戶開放」，恐嚇並煽動日本投入日俄戰爭。

魘，正在威脅着要毀滅當今世界最有價值的文明財富，即真正的中國。因此，我認為，這種在大英帝國存在的對暴民的崇拜——這種今日歐美的暴民崇拜教，除非立即被制止，否則它不但將毀滅歐洲文明，而且將毀滅世界上的所有文明。

現在，我認為，唯一能壓制這種暴民崇拜，將這種現在威脅着要毀滅今日世界所有文明的暴民崇拜推倒的，只有「忠君之教」，就像我們中國人在良民宗教裏所擁有的那種聖約，即「忠誠大憲章」。這種「忠誠大憲章」將會保護所有國家的統治者、軍人和外交官免受暴民的困擾，使他們不僅能維護本國的秩序，而且也能維護世界和平。此外，這種具有「忠誠大憲章」的良民宗教，可以使所有善良的民眾，忠於並幫助他們合法的統治者去鎮壓暴民，也會讓所有國家的統治者能夠維持本國和世界的秩序，不用皮鞭，沒有警察，沒有軍人；總而言之，就是沒有軍國主義。

現在，在我做總結之前，我想再說說軍國主義——德國的軍國主義。我已說過，這場大戰的根

本起因是大英帝國的暴民崇拜。此刻，我想在這裏說的是，如果這場大戰的根本起因是大英帝國的暴民崇拜，那麼它的直接原因就是德國的強權崇拜。據報道，俄國沙皇在簽署俄羅斯軍隊的動員令之前，曾說：「我們已經忍受了七年，現在必須有個了結了。」俄國沙皇的這些激昂的言辭，表明他以及俄羅斯民族，一定曾忍受了太多德意志民族的強權崇拜所帶來的痛苦。的確，大英帝國的暴民崇拜，正如我說的，將俄國沙皇手中的皮鞭折斷了，這使他對那些想要發動戰爭的暴民無能為力，而德國的強權崇拜又使他憤怒不已，以至於他與暴民一起，發動了這場戰爭。由此，我們看到，這場戰爭的真正原因在於大英帝國的暴民崇拜和德國的強權崇拜。在我們中國的良民宗教中曾說過：「罔違道以干百姓之譽，罔咈百姓以從己之欲。」、「違道以干百姓之譽」，就是我所說的暴民崇拜，而「咈百姓以從己之欲」，就是我所說的強權崇拜。但是，有了這種「忠誠大憲章」，一個國家負責任的大臣和政治家就會認為他們自己不是對暴民負責，不是對那些平民

羣體負責，而是對他們的君主和自己的良心負責，並且，這樣會防止他們背信棄義、迎合大眾的衝動，實際上就是防止他們陷入暴民崇拜。「忠誠大憲章」又會讓一個國家的統治者感到自己肩負着莊嚴的責任，而這又會防止他們為了滿足私欲、踐踏民意，也就是，防止他們受到強權崇拜的侵蝕。因此，我們看到，這種具有「忠誠大憲章」的良民宗教，將有助於消滅暴民崇拜和強權崇拜，而這兩者，就像我已經闡述的，正是這場戰爭的根源。

經歷過法國大革命的法國人茹貝爾，在回答現代人對自由的呼聲時說：「讓你的呼喊為了自由的靈魂，而不是為了自由的身體。道德自由是一種最為重要的自由，這種自由才是必不可少的；其他的自由，只有符合道德自由時，才是有益的。從屬比獨立更好，因為一個意味着次序與安排，另一個則意味着孤立的自我滿足。一個意味着和聲，另一個只是單音；一個是整體，另一個只是局部。」

我認為，對於歐洲人民，尤其是歐洲交戰國的人民來說，要擺脫戰爭，還要拯救歐洲文明，甚至

拯救世界文明的唯一的辦法，就是撕毀他們現在的《自由大憲章》，去制定一種新的大憲章 —— 不是以自由為基礎的大憲章，而是以忠誠為基礎的大憲章，也就是採用像是我們中國人所信奉的良民宗教裏的那種「忠誠大憲章」。

世紀的秩序將重新誕生！

作者簡介

辜鴻銘（1857-1928）

　　近代著名學者、翻譯家，字湯生，福建同安人。
他精通英、法、德、拉丁等九種語言，擁多個博士
學位，且曾將《論語》、《中庸》等翻譯到西方。